读懂Libra

《比较》研究部 编

图书在版编目（CIP）数据

读懂Libra /《比较》研究部编. -- 北京：中信出版社，2019.11
ISBN 978-7-5217-1007-6

Ⅰ.①读… Ⅱ.①比… Ⅲ.①电子货币—研究 Ⅳ.①F830.46

中国版本图书馆CIP数据核字（2019）第186710号

读懂Libra

编　　著：《比较》研究部
出版发行：中信出版集团股份有限公司
　　　　　（北京市朝阳区惠新东街甲4号富盛大厦2座　邮编　100029）
承 印 者：北京诚信伟业印刷有限公司

开　　本：787mm×1092mm　1/16　　印　张：18　　字　数：167千字
版　　次：2019年11月第1版　　　　　印　次：2019年11月第1次印刷
广告经营许可证：京朝工商广字第8087号
书　　号：ISBN 978-7-5217-1007-6
定　　价：68.00元

版权所有·侵权必究
如有印刷、装订问题，本公司负责调换。
服务热线：400-600-8099
投稿邮箱：author@citicpub.com

编者说明

北京时间 2019 年 6 月 18 日 17 时，位于瑞士的 Facebook（脸书）子公司天秤座网络（Libra Network）联合全球 28 家企业共同发布了《Libra 白皮书》。根据《Libra 白皮书》的介绍，Libra 这种基于区块链技术的新型加密货币将"为数十亿人提供一种简单的全球化货币和金融基础设施"，它将"打破传统意义上的主权界限，不受任何主权国家的独立监管，并对用户不具有排异性"。

《Libra 白皮书》一经发布，就在全球范围内引发了激烈争论，支持者有之，批判者也有之。支持者认为，这款新型数字货币是新技术与新理念的完美结合，是世界货币史上的伟大创举。它的产生不仅有助于颠覆美元霸权、重塑世界金融体系，还有助于促进金融的普惠化，让穷人也可以分享到金融发展的红利。而批判者认为，Libra 只是脸书等公司打着公益的幌子推行的商业策略，其目的不过是维护发起者自身的商业利益。由于 Libra 的价值是盯住包括美元在内的一篮子货币资产的，所以它的推出非但无助于打破美元霸权，反而会在一定程度上巩固美元霸权、破坏各国货币政策的独立性。与此同时，作为一种数字货币，Libra

本身很难被监管，因此很容易被不法之徒利用，最终沦为"毒贩、恐怖分子和逃税者的工具"。一时之间，双方各执一词，相持不下。

那么，Libra究竟是天使还是魔鬼呢？要对这个问题进行客观的回答，我们就需要对Libra本身有一个全面、客观的了解。现在关于Libra的分析和探讨很多，但很多讨论事实上是基于想象的。例如，一些人想当然地认为，Libra的理念来自哈耶克的"货币非国家化"理念，然后在此基础上进行很多阐发。但这种观点明显有失偏驳——且不说Libra究竟能否称得上是一种真正的货币，仅从它盯住一篮子货币资产的设计看，恐怕无论如何也不能称得上"非国家化"。显然，这种建立在想象的事实上的分析不仅无助于我们认清Libra的本质，更有可能对个人投资决策和政府的政策选择产生误导。

为了帮助读者更好地认识Libra的相关知识、澄清关于Libra的相关误解，《比较》研究部专门组织编写了《读懂Libra》。本书的作者中，既有来自金融系统的权威专家，也有来自业界的资深从业者。他们分别从各自的专业角度出发，对Libra的原理、技术、影响，以及我国对Libra的应对进行了深入的解读。

10月24日，习近平总书记在主持中央政治局第十八次集体学习时强调，区块链技术的集成应用在新的技术革新和产业变革中起着重要作用。要把区块链作为核心技术自主创新的重要突破口，明确主攻方向，加大投入力度，着力攻克一批关键核心技术，加快推动区块链技术和产业创新发展。

编者说明

作为区块链技术的一项重要应用，数字货币对于经济社会发展的影响巨大，毫无疑问会在我国的整个区块链发展战略中占有关键位置。目前，我国已经宣布将要推出由央行主导的、基于区块链技术的数字货币 DC/EP。尽管官方目前还没有透露更多关于 DC/EP 的细节，但由于它很大程度上是为了回应 Libra 的挑战而推出的，因此如果我们理解了 Libra，就可以很好地理解 DC/EP。就此而言，本书对于我们更好地理解我国的数字货币政策，把握整个区块链战略的动向也将大有裨益。

《比较》研究部主管　陈永伟

代引言　加密数字货币[①]

数字货币的分类和特性

现在对加密数字货币已有很多讨论，但目前的讨论在术语、概念和用词上有时候实际上是各说各话，沟通性不太好。

其实关于数字货币这个新提法就值得推敲。事实上，现在的货币绝大多数都已经是数字形式的。目前的流行说法——数字形式的货币只适用于基于区块链技术的加密数字货币；如果不是基于区块链的数字加密货币，则不能被称为数字货币——就值得讨论。

国际清算银行（BIS）近来发表了一篇关于央行数字货币的文章，首先讨论的就是术语问题。术语并非简单的技术问题，从术语出发可以发现研判技术发展的路线和选择，例如数字货币可分类为：

---

① 本文原收录于《金融基础设施、科技创新与政策响应——周小川有关讲座汇编》（杨燕青、周徐编，北京：中国金融出版社，2019年）。个别文字根据需要略有调整。

基于通证（Token）和基于账户（Account）。加密数字货币可以是基于通证，也可以是基于账户。从中国的发展来看，从过去的信用卡到现在以手机为基础、以二维码为特征的应用，都是基于账户的做法。

零售（Retail）和批发（Wholesale）。之所以在这方面有区别，是鉴于当前中央银行和商业银行、第三方支付体系的分工局面，同时也涉及对系统安全性、稳定性、可靠性的考虑。此外还有局部的零售，例如大学校园卡就是局部零售型的。如果是批发，就有可能涉及中央银行的功能。

央行的数字货币（CBDC）和私营部门的数字货币。这里的私营部门概念比中国概念更广，如果是商业银行发行，不管银行所有制如何，只要属于非央行，就被划分为私营部门的数字货币。当然，数字货币也可以通过公共部门和私营部门合营（PPP）来做。

除了国际清算银行的术语分类之外，还需要考虑其他一些特性。

数字货币的支付是借记型的还是贷记型的。我们现在看到的中国第三方支付的主流还都是借记型的，但是也出现了一些P2P公司提供贷记型的支付。

币值是锚定的还是非锚定的。现在看来大家还是比较注意价值有锚定的稳定型数字货币。

数字货币是否加密，在哪个环节加密。理论上，有人会说某家货币是绝对安全的，但是现在看来做不到绝对安全，市场都是"道高一尺，魔高一丈"，都有可能受攻击。其实仔细观察电子

代引言

支付和数字货币，几乎都使用加密技术，但是加密的环节不一样：有的加密在谁拥有这个货币，有的加密在支付环节，有的加密在通证传递环节。总之，数字货币不可能都不加密，否则很容易受到攻击。

在哪个层次上允许数据留存。数据留存涉及如果出现纠纷怎么执法的问题，但更多是因为涉及隐私能否得到很好的保护。

经过对数字货币的深入研究与探讨，数年前人民银行达成了一个初步共识：现行的纸币（M0）或迟或早会逐渐淡出。纸币不会没有，但是纸币的应用范围和数量会越来越小，甚至可能慢慢趋近于零。纸币下一阶段的替代品是数字货币或电子凭证。

此外，人民银行提出，事先不易确知谁家最好，大国央行也可以有自己的系统，但是不着急进入零售支付环节，也不要认为自己就能够比别人做得更好。也就是说，央行可以做一种数字货币（CBDC），最好不去"脱媒"并妨碍商业银行之间的竞争，社会上的互联网公司和移动电信公司也可以开发支付渠道、支付工具、支付软硬件体系等。

央行如果做数字货币，一是可以起批发作用，二是起应急替代作用。也就是说，万一某一商业机构的支付工具搞砸了、出问题了，让竞争对手去接管也可以，但是如果消费者信心有什么问题，最好央行的数字货币在应急的情况下可以起到替代作用。替代角色的效率可能会低一些，因为它主要是为批发型工具设计的，但是至少不会出现交易方面的塌方，不会造成社会紊乱和零售市场紊乱。

国际清算银行、支付和市场基础设施委员会（CPMI）以及国际货币基金组织（IMF）都对人民银行提出的意见感兴趣，所以现在大家都拭目以待。人民银行是全球首家正式发出欢迎数字货币声音的央行，也是首家成立数字货币研究所的央行，因此它的声音很受重视。

当然争论也很多，大家各有各的观点。在进行概念区分之后，中国做了两件事情：一是2017年8月底正式明确了在中国境内不搞首次代币发行（ICO）。二是2017年9月底正式取缔了比特币和人民币的直接交易。此外，国际上也注意到，我们最早明确，金融机构和各家银行不接受比特币作为支付工具，也就是不提供比特币兑换。这都是国际上非常引人注目的事情。

发展数字货币需要思考的问题

中央银行能否替代商业银行？小国会率先遇到这个挑战，但中国这么大，央行从来不想替代商业银行，是想和商业银行共同提供好金融服务。但确实存在商业银行被替代的问题，如果走向大一统银行，跟回归集中型计划经济的模式是相近的。为此，金融业可能面临很大挑战，实际上互联网公司也说过"要改革银行体系"。我们必须认识到，金融机构的雇员会越来越少，因为银行的用户界面在演变，储蓄网点是银行IT系统的用户界面，一开始大家还不习惯没有柜员的界面环境，但慢慢大家就会越来越多地使用终端设备，慢慢地有人界面就变少了，所以银行裁员是必然的。但是，整个银行生存的最终威胁是金融机构和客户的关系未来是什么样的，这是一个关键性挑战。

新型数字货币是否支持货币政策对经济的总量调控及其传导机制？ 个别科技巨头可能会想，凭什么央行可以发行货币、制定基础利率？我是不是也可以？须知，尽管各国央行的历史与现状各有不同，但其目标和使命大致可描述为维护币值稳定和价格稳定、缓解经济与就业的周期波动、防止非专业和短期动机的行政干预，以及维护金融系统稳定，并以稳定谋福祉等，其人员与组织构成对其使命予以支撑，并有立法保障，这也是近代文明的一个重要产物。至少目前来说，这与商业机构的目标和使命相去甚远，尚难相信轻易冲击这一文明能有好结果。

另外一点是货币政策传导机制。现有的货币政策传导机制提供了通过总量和价格控制通货膨胀、控制资产泡沫之间的执行渠道，不管效果怎么样，总还有这么一个调控系统。一项新科技的出现，如果原来的调控传导渠道被完全冲破，无法工作并实现目标，但又没有新的调控系统，这时可能就会出大问题。

数字货币价值的稳定选用何种准备金和托管机制？ 经历过比特币等加密货币的价值剧烈波动，人们倾向于100%备付金支持的稳定币。但需明确回答准备金的托管机制：是自己托管、银行托管，还是央行托管？准备金的量又是如何测度和监管的？发行机构对客户、托管机构对发行机构是否付息（及息率多少）？这关系到数字货币创设和发行机构的利益动机和利益安排，涉及是否真正做到100%备付以确保价值稳定,能否存在制衡、监督、纠错机制。须知,人们不轻易相信利益人自称的可靠性。

以何种承诺和措施来实现消费者保护和隐私保护? 新的数字货币或数字资产供应方应回答它们对消费者保护、投资者保护有什么样的承诺和措施。特别是不会演变成投机、赌博和"割韭菜"的机器,这也涉及其自身业务的动机。大家都知道,中国老百姓的赌性还是比较强的。观察下来,各种非法集资、诈骗性集资以及赌场的哄骗对象都是中国人比较多,什么原因呢?人民银行也有过一些分析,但都难以充分实证。但是,必须面对这样的问题,如果很容易在中国形成特别突发性的投机或者欺诈并损害消费者,那就必须要审慎。另外,他们打算如何运用、加工所获得的大数据?消费者是否知情?是否有拒绝或删除权?

如何执行微观合规性和稳定性的要求? 如前所述,在动机上应是落实了解你的客户(KYC)、反洗钱(AML)和反恐怖融资(CFT)的合规性以及兑换、跨境交易的外汇管理条例要求,而不是设法绕过或避开这一类合规性要求,更不是利用自身优势(包括金钱)去游说给自己开绿灯。消费者和市场人士均不喜欢突然间听说违约、无力清偿、跑路、套现出境等机构自身稳定性出的问题。对此应给出必要的承诺和回答。须知,支付机构通过网络便利卷入赌博业、毒品交易等暗网业务,最终会伤害消费者及其自身。市场已经有众多的案例,因此必须予以正面应对。

跨境支付会不会影响金融稳定? 金融稳定问题在一定程度上发生在新兴市场,我们看到新兴市场汇率贬值、资本外流,过去一段时间先从阿根廷开始,后来有土耳其、南非、印度、印度尼西亚、俄罗斯,不少国家都被波及,程度也不太一样。因此,如果有了跨境支付,对金融稳定的考虑又多了一个因素。

跨境支付可能还需要有全球的协调机构,但现在并没有一家全球的央行。各家央行,尤其是有的国家的央行,特别强调央行从立法角度就是为本国经济服务的,没有任何义务考虑政策溢出和对其他国家的影响。但实际上,自国际金融危机以来,大家都知道货币政策有溢出效应问题(宏观调控包括财政政策都可能有溢出效应问题),所以需要全球协调。因此,如果实现跨境支付,电子支付和数字货币能够在效率上大幅向上提升,但需要研究的事情还是不少的,其中最终也涉及有没有全球性的权威机构或者全球央行之间进行协调,从而支撑跨境支付。此外,除了协调之外,还要防止一些其他方面的做法。比如,有些国家现在还挺喜欢使用金融制裁的,制裁以后会对货币的结构、电子支付和数字货币的特性都产生影响。

DC/EP 计划及其发展原则

中国人民银行与业界联合推行 DC/EP 研发计划。DC(Digital Currency)是数字货币,EP(Electronic Payment)是电子支付;中间有一个斜杠,意味着两者既可以是"和"的关系,也可以是"或"的关系。数字货币和电子支付并不需要对立起来。研发的最终目的都是实现支付体系的高效率、低成本和安全可靠,而不是仅从某一个供给商的角度来推广新技术。数字货币的研发鼓励多渠道、竞争、后果可控的研发方式，但需要注重以下原则：

审慎对待技术选择的不确定性。我们有两个假设下的推导。一个假设是，中央银行能够做出非常鲜明准确的判断，知道哪一种数字货币或者电子支付方式是未来有前途的、肯定能站得住脚的。这等于假设中央银行是先知，它应该做出明确的选择，选择最好的，按理说不会中途夭折或重新启动。另外一个假设是，中央银行也不是先知，可能不知道哪一种是未来最有前途的，但是可以认为这个阶段这种技术最好，下一个阶段还可以改为另外一个方案。

对于大国经济来讲，系统切换是非常难的，中国是十几亿人的经济，一旦选择了一个方案，更换到另一个方案是非常费时费力的，且存在切换的操作风险和央行的声誉风险。印度几年前的纸钞切换就是一例。回想我当时在证监会的时候有一个很关注的问题，就是证券市场上有大量的麻袋户，这些麻袋户往往是用于操纵价格的，当时很多人背着麻袋去农村收购身份证，最便宜的时候一毛钱一张。所以证监会想要公安部门帮忙清理麻袋户，希望推出第二代身份证，把以前的麻袋户给清理了。公安部门明确告知，新身份证是可以的，但是换一代身份证要10年左右，要获取新的证件信息，十几亿人的工作量很不简单。

相比之下，观察欧洲百万级人口的国家更换一种货币就相对容易。有个国家换一种新的货币，规定3个月内老货币和新货币通用，3个月以后可以去银行换新货币，但是零售商户不接受老货币了，再过两个月只有一家银行可以把老货币换成新货币，其他所有银行都不能换了，再往后只能找央行换，不然就自己留作纪念品。而一个大国要想更换一次货币，没有好几年根本切换不过来，就像公安部说的，换一代身份证要10年，所以切换是不容易的，随意更换技术也是不容易的。

必须有稳定的币值，并支持对社会总需求的宏观调控。央行因为负有维护币值稳定、金融系统稳定的职能，所以会注重这个方面。如果没有建立合理的机制、法规条例以及激励机制，私营部门就有可能只关心市场份额、效率、成本，而不一定关心币值稳定。但经过一段时间的探索，如果私营部门的数字货币币值不太稳定，有人就推出了盯住央行货币的数字货币，称之为"稳定币"。这也表明会产生币值稳定的需求。

我们在国际上引用并讨论一个例证，即中国香港发钞系统是全世界少有的系统。香港有金融监管局，有三家发钞行——汇丰、渣打、中银香港。1997年香港回归之前，只有两家发钞行，就是汇丰和渣打。香港实行联系汇率制度，每发7.8港元，就要交给香港金融管理局1美元的备付金，获得备付证明书。在香港回归过程中，随着主权回归，大家认为应该有一家中国的银行做发钞行，所以就有了中银香港。理论上三种钞票是可以相互替代的，但是也不见得百分之百完全替代，可能某一个ATM（自动柜员机）只能取一种钞票，可能这三种钞票的反假币措施虽然总体上是一致的,但很难说某一种防伪的安排是你有他没有的。可以想象,如果可以由不同的人开发 DC/EP,它们在竞争中优化,而且在推广之前先有沙箱测试,经批准之后产品有优有劣,通过竞争,看看会出现什么情况。人民银行在国际清算银行、国际货币基金组织会议上都表达了这样的想法。

紧接着大家会问的一个问题是,数字货币、电子支付系统对货币政策传导机制有哪些影响?货币政策传导系统的有效性,正好就如同前文所述,如果是多家竞争的局面,应该有一个像港元一样的体系:每发行 7.8 港元,要有 1 美元的备付证明书。但也不是那么简单,中国香港在 2003 年左右对 1∶7.8 的固定汇率制进行了调整,港元可以在正负 500 个基点范围内浮动,如果撞线,香港金融管理局就会干预。也就是说,货币制度变化和货币政策传导机制也有联系。

对于数字货币来讲,首先要弄清楚到底在外面流通了多少。这个流通量并非一目了然,不像发纸币。但纸币其实也是模糊的,比如银行印了纸币,有一些放到它们的仓库里,我们说纸币流通量和备付金的时候,银行库里的算不算?更需注意的是货币分为 M0、M1、M2 等,M1 和 M2 也都是有某种支付能力的货币,是否也在不同程度上需要备付准备的支撑?这是一个挑战,商业机构都希望节约资本、节约备付金,会有低报或低估的倾向。对于不同技术的 DC/EP,中央银行必须要研究清楚真正在外面的数字货币是多少,以便制定备付政策并保持金融系统的稳定和信心,这样才不大会对货币政策传导机制造成影响。为此,需要准确测定、核算并建立托管规则，实现 100% 备付金来保持稳定，并校正激励机制。

要依靠市场竞争选优、更新换代。既然要支持科技的发展，又要防止出问题，在 DC/EP 的设计上，就不应预先选定某种技术，而是要依靠分布式研发，通过市场竞争，尊重市场的选择。既包括以账户为基础的电子支付渠道上的改进、扫码支付之类的移动支付，也包括区块链和分布式账本技术（DLT）类加密代币系统。有些不同体系的技术可能会并行发展，可以鼓励多家协同发展和快捷切换，但主要发挥市场积极性。

应该允许商业性机构，包括商业银行、互联网公司和电信运营商共同加入并分布式研发、试点数字货币和电子支付的系统，相互之间可以竞争，将来优胜劣汰，做得好，可以推广，推广的时候，也不保证它一劳永逸，推广一段时间之后，可能新的技术出来又把它替代了，有生就有灭。中央银行可以组织，可以鉴别，但是能不能包办，要画很大的问号。不要想象央行一定能包办，一定能选择一个最好的系统，因为竞争选优的事前判别非常困难。

当然这也有缺点，相互通用性可能有问题。有机构在一些地区推广"去现金化"和"无现金社会"。有人提出反对意见，人民币纸币是法定货币，法律规定必须接受。未来可能出现若干种支付工具，多种支付技术体系相互竞争，每个支付体系可能有自己一定的覆盖面，有可能拒绝竞争对手的支付工具，这也不是不可接受的。其实现在也有同样的问题，比如卡，有的商户只允许使用维萨（VISA）卡，有的商户只允许使用万事达卡（Master-Card），并不见得100%普遍通用，因为有竞争、有选择，所以有可能通用性不那么强，任何一种方案都是有缺陷的。但是要避免做出唯一一种技术选择所冒的风险。DC/EP安排是一种允许多家分布式研发、不断科技创新、试点的思路，是通过竞争实现优胜劣汰的系统设计。当然，走下来会怎么样我们还不完全清楚。

此外，多家竞争的试点还是要尽可能有限定范围，退出的事前设计就像写"生前遗嘱"一样。如果出问题怎么退出？要事先设计好。技术发明者、创新者也许不热衷此设计，但央行应要求他们做充分的设计。最后，要防止靠烧钱、靠变相补贴（包括直接补贴和交叉补贴）抢占市场份额并扭曲竞争秩序，它会使竞争选优的预想落空。

目录

第一章　数字货币的缘起、发展与未来　/姚前　1

现代密码学的历史演进　3

数字现金原理　9

加密货币技术：未来价值互联网的基础　14

虚拟货币监管　14

我国央行数字货币　16

总结与展望　18

第二章　区块链与金融基础设施　/邹传伟　21

金融基础设施的账户范式和通证范式　23

账户范式与通证范式的比较　30

法定货币领域的通证范式以及对Libra项目的分析　35

结语　47

第三章　加密货币的商业场景与应用　/齐新宇　51

支付　53

跨境汇款　55

加密货币衍生品交易　56

权益兑换与交易　58

储值资产　59

融资　61

结语　62

第四章　脸书为什么要发行 Libra　/陈永伟　63

脸书为什么要做加密货币　66

Libra 为什么要是稳定币　74

Libra 会成功吗　77

第五章　Libra 的运行机制　/袁煜明　王蕊　胡智威　81

认识 Libra　83

Libra 的货币机制　85

Libra 的治理机制　92

Libra 的应用场景　105

Libra 的技术机制　107

目录

第六章　细解 Libra：比较分析与思考　/姚名睿　125

　　Libra 与支付宝的区别：加密货币的创新价值　127
　　Libra 与传统金融基础设施：竞争还是合作　131
　　Libra 与央行数字货币：公权与私权的对立统一　134
　　Libra 与政府监管：私营部门的公共治理　138
　　Libra 发展的不确定性　139
　　结语与启示　141

第七章　Libra 对传统货币理论和政策的挑战　/盛松成　蒋一乐　龙玉　143

　　Libra 难以作为真正意义上的货币存在　146
　　Libra 对货币政策的影响　152
　　从 Libra 看超主权货币的难题　158

第八章　Libra 很难成为超主权世界货币　/王永利　169

　　《Libra 白皮书》的基本内容与超主权世界货币的提出　171
　　基于传统技术条件的尝试　173
　　基于互联网新技术的尝试　176

第九章　Libra 的全球影响　/谷燕西　189

　　Libra 对全球货币市场的影响　191

XIX

在全球范围建立一个金融系统之外的金融基础设施　194

在全球范围向更多用户提供金融服务　196

迫使各国央行制定相应的数字货币应对策略　199

第十章　如何监管数字货币与 Libra　/ 杨燕青　林纯洁　马绍之　207

货币分类与定义 Libra　210

加密货币/数字货币全球监管实践　218

科技巨头进军金融业　240

如何监管 Libra　247

结语　260

第一章

数字货币的缘起、
发展与未来

姚前

工学博士，教授级高工，博士生导师。中国证券登记结算有限责任公司总经理，原中国人民银行数字货币研究所所长。早在 2014 年，作为人民银行数字货币研究团队的主要成员，姚前就深入开展了数字货币研究，论证央行发行法定数字货币的理论基础、技术架构和场景应用。2016 年筹建数字货币研究所，研发央行数字货币原型系统并获得 2017 年度银行科技发展一等奖。发表学术文章近 150 篇，著作 8 部。百多项专利发明人，多项国家标准制定者。

谈到 Libra（天秤币），加密货币是其最核心的关键词，区块链是其底层关键技术。追踪溯源，Libra 的设计思想来自比特币，只是它没有同比特币一样，缺乏基础资产支撑且采用原教旨主义的工作量证明机制（Proof of Work，简写为 PoW），而是做到了 100% 资产储备并采用了改良版的拜占庭容错共识机制（LibraBFT–HotStuff）。实际上，比特币也不是最早的数字货币，它是数字货币技术发展到一定阶段之后才出现的产物。

早在 20 世纪 70 年代末、80 年代初就有学者在研究数字货币。数字货币技术的蓬勃发展与现代密码学的演进紧密相关，因此要想准确理解以比特币为代表的虚拟货币，以及"去虚拟化"的 Libra，我们需要回到 40 年前，探寻现代密码学的发展历程。本章从现代密码学的演进脉络追溯数字货币的技术起源，剖析数字现金设计的基本原理和创新思路，探讨加密货币技术的优点、缺点及重点研究方向，并针对以比特币为代表的虚拟货币崛起，讨论各国的监管应对，分析当前我国央行数字货币的设计理念、技术架构和前沿焦点。

现代密码学的历史演进

密码学是研究编制密码和破译密码的技术科学。它以数学为基础，在加密和解密、攻击和防守、矛和盾的对抗过程中交替发展起来。从数学算法的角度看，它包含对称算法、非对称算法和杂凑算法。

非对称算法开启真正的现代密码学时代

顾名思义，对称算法与非对称算法紧密关联。何为对称算法？对称算法是指加密和解密共用一个密码，也称单钥加密算法。我们经常在谍战片中看到，敌我双方为了一个密码本，你争我抢。这个密码本就是对称加密体系中最重要的对称加密密钥。密钥丢失，就意味着信息隐秘参数或者加密参数出现重大问题，机密将被泄露。要想管理好密钥很难，因为有人会来偷或抢。在现代通信条件下，更是很难把密钥管理起来或者分发出去。因为随着我们与外界的沟通范围的不断扩大，我们对事情的把控能力将会变得非常困难。在密钥的分发过程中，我们无法有效地防止被窃取或者被人攻击，也不太容易去管理那么多的密钥。

比如，我和某人约定好一个对称密钥：我给他发的每个信号加1才是真正的信号。两两之间没有问题，可是如果我想大规模做这样的动作，和所有人进行对称加密传输的话，那么我就要和所有的每一个人约定一个特殊的密钥和特殊的方法。无疑，这是一个很大的挑战。

现代密码学的真正起源正是解决对称算法无法在大规模的信

息加密传输中普及的问题。1976年，迪菲（Diffie）和赫尔曼（Hellman）[1]提出了新的加密方法，他们将原来的一个密钥一分为二成一对密钥，一个密钥用于加密，一个密钥用于解密。加密密钥公开，称为公钥。解密密钥不能公开，唯独本人秘密持有，对别人保密，称为私钥。如果别人想给我发信息，他要用我的公钥对信息进行加密，而只有我的私钥才能解开，其他任何人都解不开。同样，我想给别人发信息，要用对方公开的加密密钥进行加密，而只有他手上有的那把私钥才能解开加密信息。这样，我就不用和其他每个人约定对称密钥，很好地解决了单密钥体系下的密钥大规模分发的问题。由于加密密钥和解密密钥是完全不一样的一对密钥，所以这一思路被称为非对称加密思想。1978年，罗纳德·李维斯特（Ronald Rivest）、阿迪·萨莫尔（Adi Shamir）和伦纳德·阿德曼（Leonard Adleman）[2]首次提出非对称加密的实现算法，即著名的RSA（三人姓氏开头字母拼在一起）算法。

非对称加密思想的提出以及1978年算法的实现，开启了真正的现代密码学时代。继RSA算法之后，各类非对称算法不断出现，比如椭圆曲线加密算法等。

---

[1] Whitefield Diffie and Martin Hellman, New Directions in Cryptography. IEEE Transactions on Information Theory, 1976, 22 (6): 644-654.

[2] Rivest R, Shamir A, Adleman L M., a Method for Obtaining Digital Signatures and Publickey Cryptosystems, Communications of the Acm, 1978, 26 (2): 96-99.

非对称算法的独特认证功能

非对称算法带来了原来对称算法不具备的功能，那就是非常独特的认证功能。比如，如果我想给别人发信息，我不仅用别人的公钥对报文进行加密，同时我还可以用我的私钥进行签名，这样别人就可以用我的公钥进行验签，判定报文是不是我发给他的。认证功能的出现，使信息加密传输形式发生革命性的变化：信息既可以加密，也可以签名，就像支票一样，使信息的加密传输有了主人的感觉。

基于加密签名的认证功能，我们可以构造出一个非常严密的信息传输体系。以邮件的加密传输流程为例。首先，我们都有一把对外公开的公钥，将其托管到一个服务器上，既然对外公开，那么所有人都可以从服务器中得到别人的公钥，这样就建立起非对称公钥密码体系，或称公钥基础设施。然后，当进行加密邮件传输时，我们分别从公钥的服务器取出对方的公钥，我用对方的公钥对邮件加密，同时用自己的私钥对邮件签名。对方从托管服务器上拿到我的公钥，对我的私钥进行验签，以此证明收到的邮件是我发出去的邮件，同时他用自己的私钥对邮件的公钥进行解密阅读邮件。而其他人虽然可以验证这是我发出去的邮件，但无法解密阅读邮件。

对称加密和非对称加密在实践中的混合使用

在对称加密体制，由于加密、解密使用同一个密码，所以加

第一章　数字货币的缘起、发展与未来

密速度比较快，保密程度也较高，但如前所述，它最突出的问题是如何把密钥安全地送到收信方。如果有 N 个合作者，就需要有 N 个不同的密钥，整个密钥的分发和管理非常复杂，而且对称加密体制不具备签名的功能。

非对称加密的特点则在于，公钥是公开的，可以托管出去，但私钥是绝对不能泄露的，否则，什么秘密都没有了。公钥与私钥之间存在一个数学关系：从私钥很容易推导出公钥，但想从公钥推出私钥，则被认为是不可能的。当然，不是说绝对不可能，而是说从计算的复杂性看，很难去暴力破解，即便用世界上最强大的计算器去破解它，也可能需要 100 年、200 年，这对于攻击者而言，破解的时间成本和资源成本是不可承受的，相当于无法破解。所以相对来说，非对称加密是安全的。

由于这是依靠计算的复杂性来阻挡攻击者对信息的破解，所以有人担心，假设有了量子计算机，计算的能力大大加强，是否会威胁非对称加密体制的安全。其实不用担心，密码学是在加密和解密、攻击和防守、矛和盾中不断演化的技术，不是说量子计算机出来以后就没有对抗了，攻击和破解能力强了，防守能力自然也会跟上，有量子计算，就会有抗量子密码。目前，很多国家都在研究抗量子密码，等到量子计算机出现的那一天，自然会有全新的应对方案。

在现实生活中，对称加密和非对称加密并不相互排斥，而是混合使用。以网银的应用为例，我们的私钥存在银行发给我们的 U 盾里，当我们把 U 盾插到电脑时，U 盾就会与银行的服务器进

行交互，身份验证后，代表你身份的数字身份上线，验明正身很容易，就是前述私钥的签名和验证。在随后交易的过程中，双方会约定一个交易会话的密钥，这个密钥则是对称加密密钥。为什么用对称加密密钥？因为它计算位数短、资源开销小、效率高，但为了保密，每次交易会话的密钥不一样，并采用非对称加密的方式进行传递，相当于密钥双方事先通过一个加密邮件，沟通一下使用什么对称密钥，然后无论汇款，还是买理财产品，都采用事先通过非对称加密方式传输的对称密钥来完成，这就是两种传输方式混合使用的很好例子。

哈希算法

哈希算法也叫"安全散列函数"，又称信息摘要。众所周知，文章摘要是对文章内容的概况总结。看了文章摘要，我们就能理解文章的大部分意思。哈希算法也有这样的功能，它可以把任意的信息集，用非常简单的信息予以描述。它是一个特别的数学函数：给定输入很容易得到输出，但是从输出计算回输入不可行。这就像从全文得出摘要很容易，但要根据摘要把全文再重写一遍就不容易了。此外，哈希算法还有一个有意思的特性，只要信息发生稍微变化，摘要就变得完全不一样，这一特性非常有用。

在早期，通信传输经常发生丢包和错包，信道要么不安全，要么出现各种信息散乱。那么接收方怎么判断接收到的信息与发送方传送的信息完整一致呢？一种办法是一遍一遍地发，一遍一遍地试，一次不行多发几次，但这样效率很低。而利用哈希函数则可以很好地解决这一难题。发送方发送信息时对原始报文做一个哈希运算，将运算出来的值一同放在原始报文后面，用来校验。接收方收到信息包后，也对原始报文做同样的哈希运算。根据哈希算法的特性，如果两个运算值是一样的，那么说明接收的信息和传送的信息完整一致，否则，说明信息包丢失，那么只要重发丢掉的信息包即可，无须重复发送整条信息。

与对称加密和非对称加密不同，哈希函数是一种快速收敛的算法，从输入到输出的计算非常快，迅速收敛数值，无须耗费巨大的计算资源，而从输出倒推输入又几乎不可行。基于这样优秀的特性，哈希函数得到广泛的应用，我们习以为常的人民币冠字号码就是由哈希算法产生的。在数字货币领域，哈希算法更是得到广泛的应用。

数字现金原理

一直以来，密码学家有个想法，既然邮件能够加密、签名发送出去，那么现金能不能像邮件一样，加个数字信封，进行加密和签名后，从一端发送到另一端。这就是最早的数字现金思想的由来。随着现代密码学的发展，数字现金的技术实现逐渐成为可能，引起许多密码学家的广泛兴趣。

数字钱包与自主开户

理论上，数字现金的设计可以参照传统的两种支付方式，一种是纸质现金模式，将现金直接递给对方；另一种是银行存款支付或第三方支付模式的中介模式，比如支付宝支付，我们先把支付指令发出去，支付宝的后台接收到指令后，在支付宝的后台服务器上对我们账户上的资金余额计增/计减，例如我发给张三，它就会计减我的账户多少钱，计增张三的账户多少钱，这样我的钱就到了张三那里。

对于第二种支付方式，数字现金的研究者认为，既然数字现金是现金，那么就不应再找一个中介来完成现金的支付，而是应该延续纸质现金的支付特点，直接把数字现金转给对方，也就是点对点支付。

为此，研究者首先利用数字钱包来解决开户问题。有人说比特币门槛很高，但实质未必。若我们要使用支付宝，存在几个先决条件，首先得开个支付宝账户，还得去商业银行开个账户，把钱存进去，然后把钱从商业银行账户转到支付宝账户，才能使用支付宝。而比特币支付不需要这样找其他人开户，可以自己给自己开户。首先下载一个比特币钱包软件，很多网站都提供比特币钱包软件。下载软件之后，在本地完成安装，开户就完成了，不需要任何第三方，自己给自己开户即可。在本地安装比特币钱包的时候，本地首先会根据电脑特有的参数信息随机生成私钥，私钥很重要，甚至得拿笔记下来。许多人在电脑格式化以后，

第一章　数字货币的缘起、发展与未来

比特币就随之丢失了。再重新产生的时候，电脑产生的私钥不同，将影响运算结果。得到私钥后，本地通过椭圆曲线算法导出公钥，公钥生成以后，再做两次哈希运算，然后做一个数据的编码整合，产生一个长位的数，这个数就是钱包地址，相当于商业银行的账号。

这在金融史上是一个非常重大的变化，传统上我们所有的金融业务都是围绕商业银行的账户开展的。而现在，私钥在本地生成，非常隐秘，从中导出公钥，再变换出钱包地址，自己给自己开账户，不需要中介，这是数字货币体系和商业银行账户体系的首要不同。

那么，在没有中介的情况下，钱包和钱包之间怎么开展交易呢？首先，转账方需要知道对方的钱包地址和公钥，用对方公钥对转账报文进行加密，然后用自己的私钥签名，进行全网广播。全网收到转账信息后，验证这一转账报文是由哪个人发出，想传到哪个钱包地址，最终持有钱包地址私钥的人解开转账报文，获取资金。这就是比特币钱包和钱包运转的大概过程。

但挑战在于，怎么防止双重支付（double spending，也称双花）。在存在权威的中间人的情况下，双花问题很容易解决，因为有中间人的介入，一般不会发生双重支付。而当没有中间人，自己开立账户，两两交易的时候，没有人判断是否发生多次支付。此时怎么办？比特币的创新设计就是由此切入的。

比特币的创新设计：分布式共享账本与工作量证明机制

比特币创始人中本聪（Satoshi Nakamoto）[①] 提出的思想很简单，既然没有中介，那么每个人都来当中介是否可行？就像证券市场信息的公开披露一样，一旦信息公开了，谁都可以进行验证。

对此，比特币提出一个创新设计：分布式共享账本。分布式共享账本是指每个人都有一个账本，一起共有、共享账本信息，且每个人都是中介，都能检测、验证账本信息。所有人都是中介，也就意味着没有中介。不过，随之而来的问题是，每个人手上都有一个账本，意味着每个人都可以记账，而不同人记的账本肯定不一样，那么以谁的为准呢？对此，中本聪又提出了一个创新设计，称为工作量证明机制，也就是我们通常所说的挖矿机制。

他提出，我们可以设计出一道数学题让大家解，谁解开了这道数学题，谁就是记账人。这道数学题是什么呢？把当前账单与前一个账单的哈希值合在一起，然后寻找一个随机数加进去，混合计算得到一个新的哈希值，谁先算出满足预设的特定条件的哈希值，并通过其他 6 个以上网络节点的验证，谁就挖矿成功，相应的账单就可以上链了。新的账单产生后，继续做新的计算竞

[①] Nakamoto S, Bitcoin, a Peer-to-peer Electronic Cash System, 2008. https：//bitcoin. org/ bitcoin. pdf.

第一章　数字货币的缘起、发展与未来

争，周而复始，形成新的账单。解数学题的难点在于，寻找符合预设条件的随机数。这是有难度的，且难度不断增长，现在需要计算能力非常强的专门芯片才能计算得到。

通过以上设计，中本聪提出了一个全新的记账方法：每个人都可以参加，只要按照要求，达到这个"游戏规则"的设定目标，就可以获得记账权，成为新区块的记账人。对于成功获得记账权的矿工，系统自动奖励一定数目的比特币。奖励数目每4年减半，从2008年到2012年年底，若矿工挖矿成功，系统奖励50个比特币；从2012年年底到2016年年底，系统奖励25个比特币；从2016年年底到现在，系统奖励12.5个比特币。

由于比特币的账单是分布式共享账本，因此整个账本都是透明的，每个人都能查看。假设你拿到0.1个比特币，就可以从区块链上查看它的所有流通信息：由谁挖矿产生的？它曾流通到谁手里？因此，一旦发生双重支付问题，每个人都能检测出来，由此解决了没有中间人的情况下如何防止双重支付的问题。

这与传统商业银行的运营截然不同。商业银行业务只有作为中间人的银行自身可以知道所有交易，而交易者只能知晓与自己有关的交易信息，不过了解你的客户（Know Your Customer，简写为KYC）要求，交易者都必须实名进行交易。而在比特币体系，所有交易都是透明的，所有人都可以查看，但交易者的身份匿名。两者各具特色。

读懂 Libra

加密货币技术：未来价值互联网的基础

区块链是实现以比特币为代表的加密货币的核心技术，一些人还把它称为价值传递技术。我们平常通过互联网传输的信息是可以更改的，而区块链技术传输的数据则不可更改，因为只要一个区块的数据发生变化，这个区块的哈希值就会发生变化，那么由于上下区块相连，上一个区块的变化意味着下一个区块的输入发生变化，于是下一个区块的哈希值也会发生变化。这就像人类的基因链，不能更改。所以，区块链记录的是高价值的数据，与我们平常所有的数据库存储理念完全不同。

虚拟货币监管

比特币号称"币"，所以各国货币当局都在严肃思考：它是不是一种货币，怎么应对，如何监管。目前逐渐达成的共识是，比特币的资产属性大于货币属性，依据来源于它的两个特性。一是更多被用于炒作，而非支付。很少有人真正用比特币去支付。因为比特币支付耗费的时间很长，若用比特币买杯咖啡，买的时候是热的，喝的时候可能就凉了。二是价格波动太大，每天都是几百美元的波动。货币本来就是一把尺子，是一个计算单位，若这把尺子每天变长变短，就无法正确度量商品的价格。目前比特币是一个不固定的测量单位，所以许多人认为它无法成为真正的货币。

第一章　数字货币的缘起、发展与未来

比特币更多是一种数字资产。某种意义上来说，数字资产比其他资产的投资回报高，这也是全球许多投资机构非常重视这一领域的原因。目前，像比特币这样的虚拟货币，全球有几千种，而数字资产交易所却有一万多家，可见这一领域的交易多么火爆，许多人觉得数字资产投资可以赚钱，因此冲进这个市场。也正基于此，各国监管当局如何管理数字资产，就成为一个很重要的问题。

如何管，首先涉及如何定性，如果把它定义成货币，那就依照货币的管理办法；如果说它是资产，那就依照资产的管理办法；如果说它是商品，那就依照商品的管理办法。定性不同，决定了管理办法和监管部门的不同。

应该说，虚拟货币是一个全新的事物，各国的监管态度和争议颇大。目前看，将它归类为证券的可能性较大，但这也是一个过程，尚未有最后定论。在美国，目前监管虚拟货币的部门有两个，一个是美国证券交易委员会（SEC）；另一个是美国商品期货交易委员会（CFTC），它把虚拟货币当作商品来看。到底由谁来管，美国监管部门正在加快确定。基于美元的国际储备货币地位，美国在全球金融体系中占有优势，一旦美国将虚拟货币定性，全球可能都会认可。

目前我国把虚拟货币当成邮票一样的物品来管理，且严禁以代币为融资标的的融资活动，尤其是初始代币发行（Initial Coin Offerings，简写为 ICO）。数据显示，全球 ICO 融资总额正逐年上涨，主要发生地为美国。而我国国内首批 ICO 项目中出现了一些

造假现象，容易演变成金融欺诈、非法融资，严重损害投资者利益和金融秩序，从而使我国的监管政策更加严格，看起来似乎一刀切。

我国央行数字货币

40年来加密货币的不断发展，带来了当前全球性的大规模数字加密货币试验，这也使各国中央银行不得不再严肃考虑一个问题：中央银行是不是也应该发行数字货币。

我国是最早研究央行数字货币的国家之一，在2014年就开始着手。研究央行数字货币首先须回答一个有意思的问题，什么叫央行数字货币。对此，各国目前还没有达成共识，2018年，国际清算银行（Bank for International Settlements，简写为BIS）的一篇报告[①]给出了一个比较有意思的定义，不过它不是正面回答这个问题，而是使用了一种排除法来进行定义。它将目前存在的各类支付工具进行了汇总，然后判定哪些不是央行数字货币，一一排除后，剩下的就是央行数字货币。

它使用了4个维度的标准：是不是可以广泛获得，是不是数字形式，是不是中央银行发行的，是不是类似于比特币所采用的技术产生的代币。按照这4个维度，现金是可以广泛获得的、非

---

① Committee on Payments and Market Infrastructures, Markets Committee, Central Bank Digital Currencies. March, 2018.

第一章　数字货币的缘起、发展与未来

数字化的、中央银行发行的、以代币形式存在的货币。银行存款是可以广泛获得的、数字化的、非中央银行发行的、不是代币形式的货币。它们都不是央行数字货币。除了现金,中央银行发行的货币还有银行准备金,包括存款准备金、超额存款准备金。银行准备金已经数字化,但是国际清算银行认为,这不是中央银行所要真正研究的央行数字货币。

一种可能的央行数字货币是,中央银行的账户向社会公众开放,允许社会公众像在商业银行一样在中央银行开户。这相当于中央银行开发了一个超级支付宝,面向所有 C 端客户服务。国际清算银行认为,这样形成的央行货币是央行数字货币,将其称为基于账户(account)的央行数字货币,或称中央银行数字账户(Central Bank Digital Account,简写为 CBDA,简称央分数字账户)。另一种可能的央行数字货币是中央银行以比特币所采用的技术发行的代币,可称为基于代币(Token)的央行数字货币,或称中央银行加密货币(Central bank Cryptocurrency,简写为 CBCC,简称央行加密货币),这类货币既可以面向批发端,也可以面向零售端。基于账户还是基于代币,代表了两种不同的技术路线,哪种思路未来将占据主流,还有待观察。

在技术架构上,央行数字货币体系可分为两类:一元体系和二元体系。一元体系是指中央银行以类似于超级支付宝的方式直接为客户提供服务,但全球大多数中央银行并不认可这一方式,不愿意直接向公众提供央行数字货币服务,而是希望复用传统金融体系,与金融机构合作,将中央银行置于后端,前端

的服务则交由金融机构提供。中国人民银行提出的二元体系就是这一思路，国际上称之为双重架构，这一思路正逐渐成为各国的共识。

当前，中国人民银行正在开展央行数字货币研发试验。由于第三方支付的异军突起，我国的账户体系走在世界前列。但实际上，许多人认为，真正代表未来技术发展方向的央行数字货币应是基于加密货币技术的央行数字货币，即 CBCC，目前学界和业界均在积极开展 CBCC 模式的探索，许多人认为，CBCC 可以让客户真正自主管理自己的钱，而不是交给第三方，真正赋予客户自由的权利。虽然尚不能肯定它就是将来的方向，但至少目前来看，这是最热的前沿焦点。

总结与展望

非对称加密体制解决了开放系统中密钥大规模分发的问题，不仅可以加密信息，还可以签名，开启了密码学的重大革命。哈希算法可以把一段交易信息转换成一个固定长度的字符串，且只要信息发生很小的变化，摘要就变得完全不一样，不可逆，可快速收敛，具有独特的优势。这些现代密码学技术的发展为数字货币的出现奠定了技术基础，而基于数字钱包、分布式共享账本和共识机制的比特币创新设计，使数字货币技术实现了新的飞跃，引发全球大规模的数字货币试验。各国在加强虚拟货币监管的同时，正在加快央行数字货币的研发进程。

第一章　数字货币的缘起、发展与未来

当前，虚拟货币正在矫正缺乏价值支撑这一根本性缺陷。先是各类稳定代币的探索，或基于法币抵押，或基于算法，再到监管部门的背书，基于法币抵押的稳定代币对法币的价值锚定得到增信。近期 Libra 的出现，预示着虚拟货币价值不稳定和监管合规的问题有望得到进一步解决。表面上，虚拟货币的价值在锚定央行货币，实质上是在"去虚拟化"。加密货币与虚拟货币的概念需要重新定义，加密货币不再一定就是虚拟货币。以 Libra 为代表的稳定加密货币，值得我们高度重视和深入研究。

第二章

区块链与金融
基础设施

邹传伟

万向区块链首席经济学家,经济学博士。先后就读于北京大学、清华大学和哈佛大学。曾长期供职于中央汇金公司、中国投资公司和南湖金服。曾荣获首届"孙冶方金融创新奖"和第五届中国软科学奖(前沿探索奖)。

2019年6月18日,脸书(Facebook)发起的Libra联盟发布《Libra白皮书》,声称要"建立一套简单的、无国界的货币和为数十亿人服务的金融基础设施"(Libra Association,2019)。Libra项目在全球被普遍关注,金融监管机构、从业者和学者纷纷从不同角度进行解读。一些人从哲学、政治学和奥地利经济学派等角度分析Libra项目。正如一千个人眼中有一千个哈姆雷特,一千个人心中也有一千种货币观点。这些不同角度的分析都有它们的价值。

本章尝试从金融基础设施角度分析以Libra项目为代表的、由区块链支撑的金融活动。金融基础设施是金融系统的"管道"。这些"管道"位于不为大多数人所见的金融系统底层,却影响着资金如何流通、金融资源如何配置,以及金融政策如何传导。这个角度有助于我们厘清关于Libra项目、加密货币、区块链乃至分布式商业的各种纷繁复杂的观点。正如要深入市政网络和海底光缆,我们才能全面理解日常生活中触手可及的水电煤气和互联网。

金融基础设施的账户范式和通证范式

首先需要说明的是,通证(Token)一词在本章作为区块链的核心元素被使用，强调的是通证承载现实世界资产和交易的功能。通证并不代表某一加密货币。

账户范式

账户范式的代表是二级银行账户体系。个人和企业在商业银行开设存款账户，商业银行在中央银行开设存款准备金账户。法定货币存在于金融系统的负债方。基础货币是中央银行的负债。其中，现钞是中央银行对公众的负债，存款准备金是中央银行对商业银行的负债。存款是中央银行对个人和企业的负债。在现代经济体中，现钞只占货币供给的很小比例，广义货币供给的大部分是存款。存款准备金和存款等货币形态都已经电子化。

在现钞交易中，交易双方只要确认现钞的真实性，就可以交割，无须第三方受信任机构。这一点与后文将介绍的通证交易是类似的。转账和汇款涉及银行账户操作。比如，同行转账要同步调整交易双方在同一开户银行的存款账户余额。跨行转账除了调整交易双方在各自开户银行的存款账户余额以外，还涉及两家开户银行之间的结算，而商业银行之间的结算需调整它们在中央银行的存款准备金账户余额。

跨境支付涉及的银行账户操作更复杂。图 2.1 假设两个国家 A 国和 B 国，以及各自的货币——A 货币和 B 货币。两种货币都由各自中央银行建立了支付系统，图 2.1 用的是实时全额支付系统（Real Time Gross Settlement，简写为 RTGS）。对应到现实中，人民币是大小额支付系统和人民币跨境支付系统（Gross-border Interbank Payment System，简写为 CIPS），美元是联邦电子资金转账系统（Fedwire）和纽约清算所银行同业支付系统（Clearing House Interbank Payment System，简写为 CHIPS）。

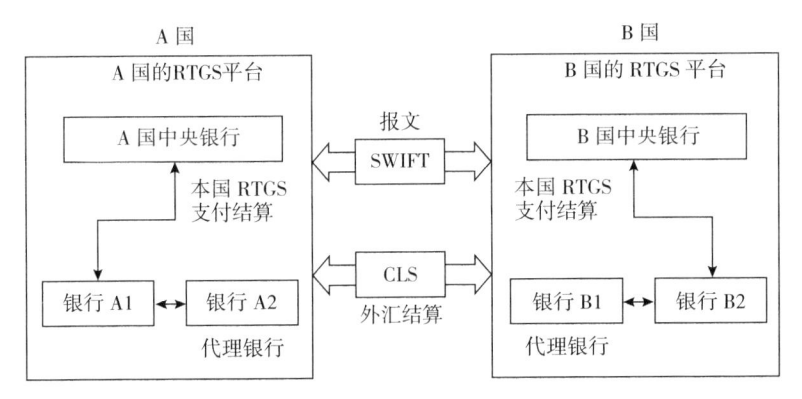

```
A 国                                    B 国
┌─────────────────────┐                 ┌─────────────────────┐
│   A 国的 RTGS 平台    │                 │   B 国的 RTGS 平台    │
│  ┌───────────────┐  │      报文       │  ┌───────────────┐  │
│  │  A 国中央银行   │  │ ←─ SWIFT ─→    │  │  B 国中央银行   │  │
│  └───────────────┘  │                 │  └───────────────┘  │
│      ↕ 本国 RTGS     │                 │      ↕ 本国 RTGS     │
│        支付结算      │                 │        支付结算      │
│  ┌──────┐  ┌──────┐ │ ←─ CLS ─→       │  ┌──────┐  ┌──────┐ │
│  │银行A1│←→│银行A2│ │   外汇结算       │  │银行B1│←→│银行B2│ │
│  └──────┘  └──────┘ │                 │  └──────┘  └──────┘ │
│         代理银行      │                 │         代理银行      │
└─────────────────────┘                 └─────────────────────┘
```

图 2.1 跨境支付

资料来源：加拿大银行、英格兰银行和新加坡金融管理局 2018 年研究报告《跨境银行间支付和结算》（Bank of Canada, Bank of England, and Monetary Authority of Singapore, 2018），第 28 页图 1。

假设 A 国居民艾丽斯（Alice）在 A 国的一家银行 A1 有 A 货币的存款账户。她要付款给 B 国居民鲍勃（Bob），鲍勃在 B 国的一家银行 B2 有 B 货币的存款账户。问题是，银行 A1 与银行 B2 之间并无直接业务关系。因此，需要引入代理银行（correspondent bank），即图 2.1 中的银行 A2 和银行 B1。代理银行在银行 A1 和银行 B2 之间起到了桥梁作用，但拉长了跨境支付的链条。

在代理银行模式下，跨境支付按如下步骤进行：首先，在 A 国，艾丽斯在银行 A1 的 A 货币存款被转到银行 A2（通过 A 货币的支付系统）。其次，资金从银行 A2 转到银行 B1。代理银行之间相互开设账户。比如，站在银行 A2 的角度，它在银行 B1 开设的账户称为往账（nostro account，用 B 货币），即存放国外同业账户；银行 B1 在银行 A2 开设的账户称为来账（vostro account，用 A 货币），即同业存款账户。资金从银行 A2 转到银行 B1 就是通过调整这些账户余额来实现的。货币汇兑需要经过持续联结清算系统（Continuous Linked Settlement，简写为 CLS）。最后，资金从银行 B1 转到银行 B2（通过 B 货币的支付系统）。

需要说明两点：第一，与大多数认识不同，环球同业银行金融电讯协会（SWIFT）是银行间报文系统，处理跨境支付中的信息流。跨境支付中的资金流通过银行账户体系进行。第二，一些人认为，SWIFT 是跨境支付成本高的主要原因。事实并非如此，麦肯锡公司 2016 年研究表明（McKinsey & Company，2016），一家美国银行通过代理银行进行一笔跨境支付的平均成本在 25～35 美元，是一笔境内支付的平均成本的 10 倍以上。其中，34% 的成本来自被锁定在代理银行账户中的流动性（因为这些资金本可以用在收益更高的地方），27% 来自司库操作（treasury operations），15% 来自外汇操作，13% 来自合规成本，9% 来自支付操作。

以上简单介绍了账户范式如何承载货币及其交易。需要说明的是，账户余额调整和资金流转并非严谨的学术用语，都可以表达为会计上一系列复杂的借记、贷记操作。

通证范式

徐忠和邹传伟（2018）概括了区块链的通证范式：通证、智能合约和共识算法都处于共识边界内，通证与智能合约之间有密不可分的联系，共识算法确保了共识边界内的去信任环境。见图2.2。

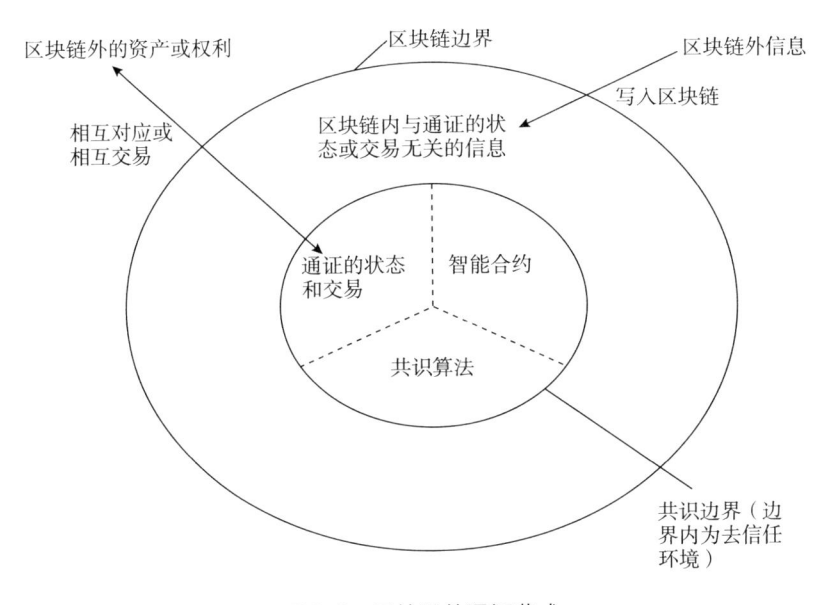

图2.2 区块链的通证范式

通证及其交易的以下性质是区块链应用于金融基础设施的关键：

第一，区块链内不同地址对应着不同用户，类似银行账户。密码学技术（主要是基于椭圆曲线的数字签名算法和哈希加密算法）保证了地址的匿名性，只有具备相应权限的用户才能操作地址，类似银行账户密码。

第二，通证本质上是区块链内按规则定义的状态变量。按同一规则定义的通证是同质的，可拆分成较小单位。不同地址内通证数量，类似银行存款账户余额。分布式账本记录区块链内每个地址内通证数量，类似银行账户报表。分布式账本由多个"矿工"或"验证节点"共同更新和存储，以确保一致。在金融交易后处理中，区块链被用于缩短托管链条、优化交易流程和简化对账工作等，就是基于分布式账本的这一特征。

第三，通证可以在区块链内不同地址之间转移，类似银行转账。通证转移过程中总量不变，甲地址之所得就是乙地址之所失。通证交易确认与分布式账本更新同时完成，没有结算风险。分布式账本和已确认的通证交易是全网公开、不可篡改的。

第四，区块链共识算法（比如中本聪发明的 Nakamoto 共识）和不可篡改特点，使得在不依赖中心化受信任机构的情况下，可以保证通证不会被"双花"攻击。

第五，区块链运行在互联网上，通证在区块链内不同地址之间的转移天然是跨国界的。这一特点就是区块链应用于跨境支付的基础。

通证在存在形态上是一段计算机代码，没有任何内在价值。那么，通证的价值来源是什么？Token 在中文里一般翻译成记号或表示物。记号或表示物本身没有价值，价值来自所承载的资产。用通证承载现实世界的资产（所谓"资产上链"），实质是基于法律法规，用区块链外的经济机制，使通证和某类标的资产的价值挂钩。这个过程离不开中心化受信任机构,见表2.1。

表2.1 用通证承载资产

资产方	负债方
1单位标的资产	1单位通证
1单位标的资产	1单位通证
……	……
1单位标的资产	1单位通证

用通证承载资产必须遵循三个规则:

一是1:1**发行规则**:中心化受信任机构基于标的资产按1:1关系发行通证。

二是1:1**双向兑换规则**:中心化受信任机构确保通证与标的资产之间的双向1:1兑换。用户给中心化受信任机构1单位标的资产,中心化受信任机构就给用户发行1单位通证。用户向中心化受信任机构退回1单位通证,中心化受信任机构就向用户返还1单位标的资产。

三是**可信规则**:中心化受信任机构必须定期接受第三方审计并充分披露信息,确保作为通证发行储备的标的资产的真实性和充足性。

在这三个规则的约束下,1单位通证代表了1单位标的资产的价值。在通证有二级市场交易时,通证市场价格会偏离标的资产的价值,但市场套利机制会驱动价格向价值回归。如果1单位通证的价格低于1单位标的资产的价值,套利者就会按市场价格买入1单位通证,再从中心化受信任机构换回1单位标的资产,以获取中间差价（＝1单位标的资产的价值－1单位通证的价格）。套利活动会增加对通证的需求，驱动其价格上涨。反之，如果1单位通证的价格高于1单位标的资产的价值，套利者就会用1单位标的资产向中心化受信任机构换取1单位通证，获取中间差价（＝1单位通证的价格－1单位标的资产的价值）。套利活动增加通证供给，驱动其价格下跌。

一旦这三个规则没有被全部严格遵守，市场套利机制的效果就会减弱，通证价格会与标的资产的价值脱钩（不一定完全脱钩）。

哪些资产适合用通证承载？这主要取决于资产能否满足双向兑换规则的要求，而这又取决于资产的存在形态、标准化或同质化水平、产权确认和登记制度，以及交易流程。标准化、产权明晰和交易流程简捷的资产最适合用通证承载，主要包括货币和金融证券。

账户范式与通证范式的比较

两种范式的对比

在交易场景的表现

在通证范式下，通证在区块链内不同地址之间转移时，通证总量不会发生变化。通证交易不依赖中心化受信任机构。交易确认和分布式账本更新同步完成，没有结算风险。但很多区块链因为分叉的可能性，只能在概率意义上保证结算最终性（settlement finality），尽管该概率随时间流逝可以趋向100%。区块链受制于"三元悖论"：没有一个区块链能同时具有准确、去中心化和成本效率这三个特征。特别是，区块链的去中心化程度越高，效率越低，集中体现为每秒钟能支持的通证交易笔数（Transaction Per Second，简写为TPS）不高。比如，比特币每秒钟最多支持6笔交易。

在账户范式下，交易可以只涉及资产方或负债方的内部调整，也可以涉及资产方和负债方的同步调整。比如，银行向企业放贷，银行在资产方多了一笔对企业的贷款，在负债方多了一笔企业存款。在存款准备金制度下，这个过程持续下去就是存款的多倍扩张机制。账户维护离不开中心化受信任机构（比如银行），信用风险（特别是交易对手风险）始终存在。结算风险也无法消除，但有结算最终性。账户范式下的交易效率可以非常高。比如，贝宝（PayPal）每秒钟平均能支持193笔交易，维萨（Visa）每秒钟平均能支持1 667笔交易。[①]

开放程度和隐私保护

区块链对用户高度开放。任何人只要根据数字签名算法生成一对公钥和私钥，就可以拥有区块链内的地址。地址有很好的匿名性，不通过聚类分析等技术手段，很难识别出地址所有

---

① http://www.altcointoday.com/bitcoin-ethereum-vs-visa-paypal-transactions-per-second/.

者。但地址内有多少通证以及地址之间的通证交易,全网可见,不可篡改。用通证进行交易,像是蒙上了一层匿名面纱。尽管这有助于保护地址所有者的隐私,但也加大了了解你的客户(KYC)、反洗钱(AML)以及反恐融资(CFT)等方面的监管难度。

开设账户一般需要审批,因此是高度选择性的。个人银行账户和支付账户等金融账户尤其要满足严格的身份验证要求。比如,《非银行支付机构网络支付业务管理办法》(中国人民银行公告〔2015〕第43号)和《关于落实个人银行账户分类管理制度的通知》(银发〔2016〕302号)。金融类账户一般可以从账户名推测所有者,但账户里有多少资产,仅对具有相关权限的人可见。这也是账户范式与通证范式的一个关键不同。

如果把视野从金融类账户拓展到社交网络账户、电子商务账户以及各类应用程序账户等,我们就会发现:尽管不同账户的实名制有强弱之分,但账户总与身份识别相关联。账户记录其所有者在不同场景的行为,比如社交、购物和出行等。通过分析这些行为信息,可以对账户所有者进行画像(consumer profiling),并推断账户所有者的偏好、信用和收入等重要特征。这是互联网公司开展广告业务(至今仍是谷歌和脸书的主要收入来源)和涉足金融业务(比如金融精准营销和网络贷款)的信息基础。万建华(2013)曾提出"得账户者得天下"的概念。

但账户范式下对个人信息的收集和使用,容易演变成侵犯个人隐私。个人信息确权难、保护难,容易在未经合理授权的情况下被使用，或者从甲业务中收集到的个人信息被用于乙业务。持有个人信息的机构如果安全保障不足，可能造成个人信息被窃。脸书和英国咨询公司剑桥分析（Cambridge Analytica）的数据泄露事件就体现了这一点。账户范式面临的这些问题，在通证范式下都不存在。

数据管理和隐私保护已经越来越成为一个重要政策问题，可能显著影响未来互联网商业模式。2018年5月，欧盟开始实施《通用数据保护条例》（General Data Protection Regulation，简写为GDPR）。2019年5月，我国国家互联网信息办公室发布《数据安全管理办法（征求意见稿）》。数据管理和隐私保护不完全是制度问题，也离不开密码学技术，比如可验证计算（verifiable computing）、同态加密（homomorphic encryption）和安全多方计算（secure multiparty computation）等。

两种范式的替代和互补

首先，两种范式在一些场景中存在替代关系，比如稳定加密货币与第三方支付，见图2.3。

2018年9月，美国世可（Circle）公司基于以太坊推出USDC（Circle, 2018）。USDC以美元准备金1∶1发行。任何机构只要遵循USDC协议并满足相关监管合规要求，就可以成为USDC发行人。USDC遵循1∶1双向兑换规则。USDC发行人在收到用户提供的美元准备金以后，会存放在受FDIC（联邦存款保

读懂 Libra

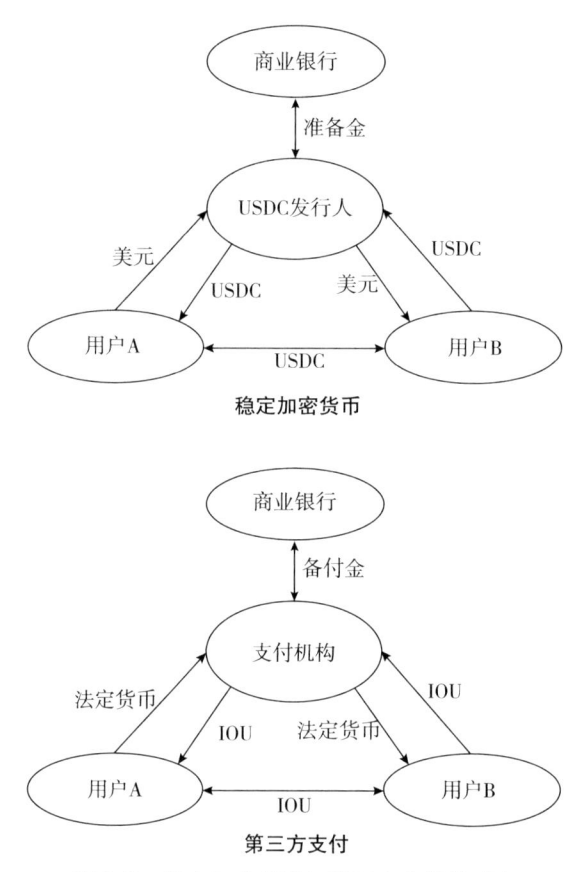

图2.3 稳定加密货币与第三方支付的对比

险公司）保护的银行中。用户之间的 USDC 交易就是区块链内的通证交易，不会影响在银行的准备金。USDC 用户赎回 USDC 时，USDC 发行人除了销毁收到的 USDC 以外，会从准备金中转出相应金额到用户的银行账户。

在第三方支付中，用户向支付机构充值后，支付机构会将收到的法定货币存入它在银行的备付金账户，并等额调增用户在支付机构的账户余额。① 这个账户余额实质是 IOU（I owe you）。用户之间转账只影响他们在支付机构的账户余额（IOU 交易），不会影响在银行的备付金。用户提现时，支付机构扣减用户账户余额（注销 IOU），从备付金中转出相应金额到用户的个人银行账户。

因此，稳定加密货币与第三方支付在模式上同构，前者属于通证范式，后者属于账户范式。

其次，两种范式之间的互补关系，我们接着用 USDC 的例子（见图 2.4）。目前，大部分 USDC 交易发生在加密货币交易所。用户将 USDC 转入加密货币交易所的区块链地址，加密货币交易所等额调增用户在交易所的账户余额（IOU）。加密货币交易所内的 USDC 交易实际上是 IOU 交易。出现这种情况的原因在于，区块链内的 USDC 交易受制于区块链的性能，IOU 交易效率则高得多。

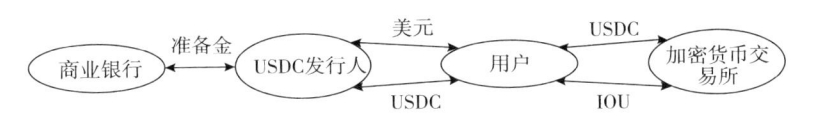

图 2.4　两种范式之间的互补

法定货币领域的通证范式以及对 Libra 项目的分析

表 2.2 按照两个维度对法定货币领域的通证范式进行了分类。

---

① 此处描述的是"断直连"前的模式。"断直连"后，如果将网联与第三方支付合并起来看，仍适用此处描述。

第一个维度：发行主体是中央银行还是私营机构；第二个维度：目标用户是批发型（只面向机构）还是零售型（面向公众）。

表2.2 通证范式在法币领域的应用分类

		目标用户	
		批发型	零售型
发行主体	中央银行	批发型中央银行数字货币	一般目标型中央银行数字货币
	私营机构	金融机构间结算币，比如摩根币和U–W–CBDC	比如USDC和Libra项目

因为存款准备金已经电子化，批发型中央银行数字货币的意义较小，所以我们只介绍表2.2中除批发型中央银行数字货币以外的类型。这样展开讨论有助于理解Libra项目的技术和经济脉络。

中央银行数字货币

中央银行数字货币（CBDC，简称央行数字货币）属于法定货币的一种形态，是中央银行直接对公众发行的电子货币，也是中央银行的负债。CBDC替代的是现钞。

CBDC面临几个争议很大的问题。第一，在技术路径上，CBDC可以采用通证范式，也可以采用账户范式。如何选择，在国际上尚无定论。第二，CBDC是否付息。如果CBDC完全替代现钞并且付息，理论上是一个新的货币政策工具，特别在名义利率零下限（zero lower bound）时。第三，CBDC对商业银行存款

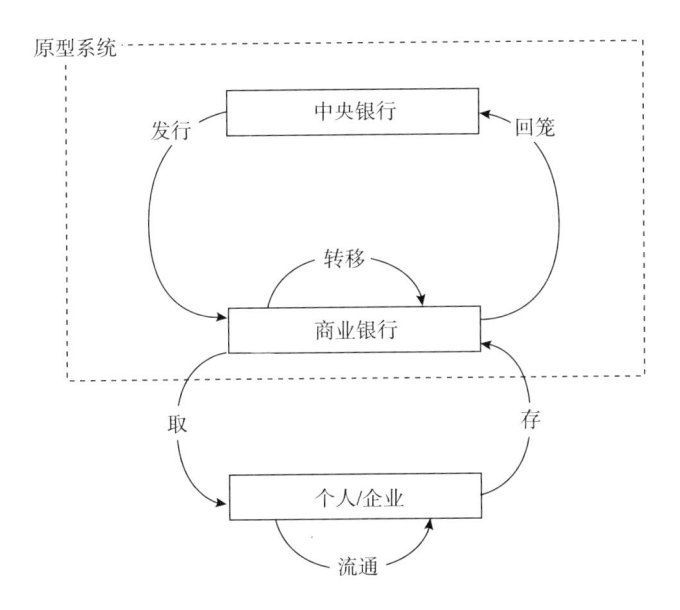

图 2.5 中央银行数字货币原型系统

资料来源：姚前：《中央银行数字货币原型系统实验研究》，2018 年，第 3 页图 1。

稳定性的影响。因为中央银行的信用高于商业银行，大众是否会大规模提取商业银行存款并换成 CBDC？因为这些问题，目前还没有主要国家推出 CBDC。

图 2.5 所示 CBDC 原型系统设计来自姚前（2018）。CBDC 原型系统共分三层：第一层是 CBDC 在中央银行与商业银行之间的发行和回笼，以及在商业银行之间的转移。第二层是个人和企业用户从商业银行存取 CBDC。第三层是 CBDC 在个人和企业用户之间流通。

CBDC 在商业银行之间、商业银行与个人和企业用户之间，以及个人和企业用户之间的转移，实质是区块链内的通证交易。

商业银行A 数字货币 系统	发起CBDC 转移请求		银行库接收 CBDC
商业银行B 数字货币 系统			银行库接收 CBDC
中央银行 数字货币 系统	作废来源 CBDC	生成去向 CBDC	发送CBDC

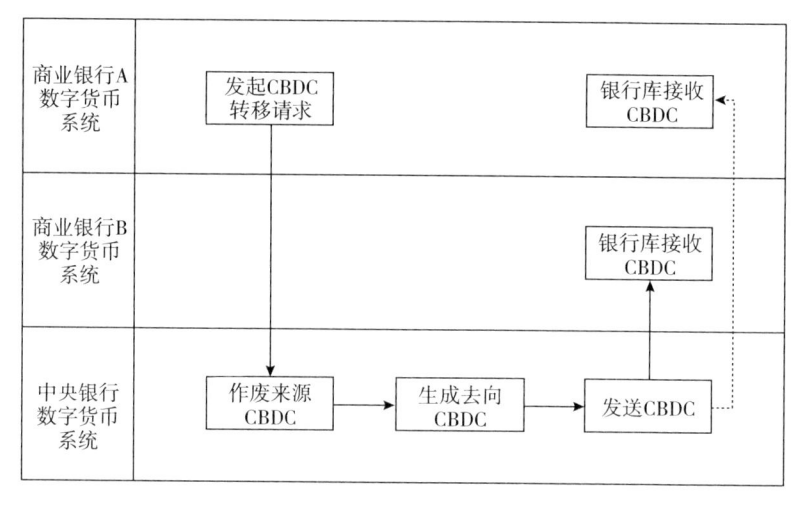

图2.6 中央银行数字货币转移过程

资料来源：姚前：《中央银行数字货币原型系统实验研究》，2018年，第7页图6。

图2.6是CBDC的转移过程。商业银行A向中央银行发出CBDC转移请求后，中央银行将来源币作废，按转移金额生成所有者为商业银行B的去向币。如果转移后还有余额，需生成所有者为商业银行A的去向币。这个转移过程与未使用交易输出（Unspent Transaction Output，简写为UTXO）模式类似。

CBDC发行和回笼遵循1：1双向兑换规则，需调整中央银行存款准备金账户。商业银行向中央银行申请发行CBDC后，中央银行先扣减该商业银行的存款准备金并等额增加数字货币发行基金，再生成所有者为该商业银行的CBDC。商业银行向中央银行申请缴存CBDC后，中央银行先将缴存的CBDC销毁，再扣减数字货币发行基金并等额调增该商业银行的存款准备金。这样就确保在CBDC发行和回笼中，货币发行总量不变。

金融机构间结算币

2019年2月，摩根大通宣布，基于Quorum联盟链推出即时结算客户间交易的摩根币（JP Morgan Coin，JP Morgan，2019，见图2.7）。摩根币代表存放在摩根大通指定账户的美元。客户将美元存入指定账户后，将收到等额的摩根币。摩根币在客户之间的转移发生在Quorum联盟链上。客户不一定在美国境内，这样就实现了跨境支付。客户退回摩根币后，将收到从指定账户转出的等额美元。

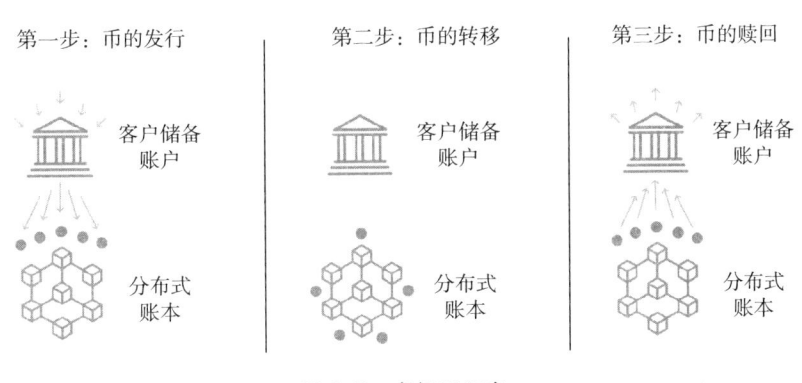

第一步：币的发行　　第二步：币的转移　　第三步：币的赎回

客户储备账户　　分布式账本

图2.7　摩根币示意

U-W-CBDC是加拿大银行、英格兰银行和新加坡金融管理局2018年研究报告《跨境银行间支付和结算》提出的一个跨境支付方案（Bank of Canada，Bank of England，and Monetary Authority of Singapore，2018）。在U-W-CBDC中，U指全球通用，W指批发型，CBDC指中央银行数字货币（但U-W-CBDC并非由中央银行发行）。U-W-CBDC在很多方面与Libra项目类

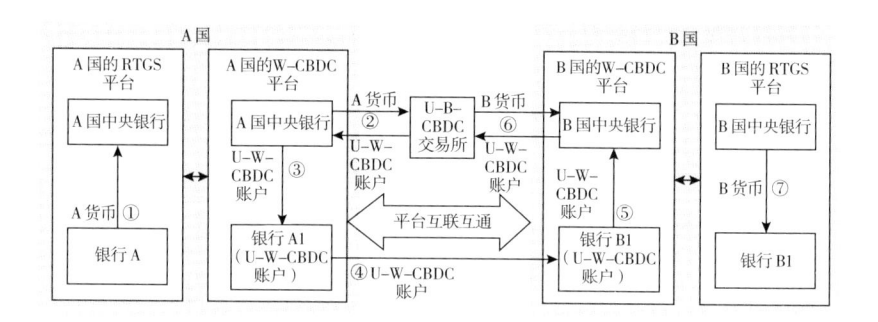

图 2.8　U-W-CBDC 应用于跨境支付

资料来源：加拿大银行、英格兰银行和新加坡金融管理局 2018 年研究报告《跨境银行间支付和结算》，第 36 页图 5。

似，见图 2.8。

U-W-CBDC 由多个国家通过它们的中央银行或一个国际多边组织创建。U-W-CBDC 以一篮子货币作为储备。U-W-CBDC 通过一个交易所发行和回笼，参与 U-W-CBDC 的中央银行可以用自己的货币通过这个交易所买卖 U-W-CBDC。各国商业银行再用本国货币向本国中央银行兑换 U-W-CBDC。

商业银行通过 U-W-CBDC 直接结算跨境交易。使用 U-W-CBDC 的商业银行不需要在同一国家，不需要相互开立往账和来账，也不需要经过代理银行。这样就能简化跨境支付链条，免除因在代理银行锁定流动性而产生的成本。

如果将 U-W-CBDC 的使用范围拓展到个人和企业用户（也就是从批发型变成零售型），实际上就是 Libra 项目模式。

第二章 区块链与金融基础设施

Libra 项目

Libra 运作机制[①]

　　Libra 是基于一篮子货币的合成货币单位。Libra 协会（2019）声称，Libra 将具有稳定性、低通胀率、全球普遍接受和可互换性（fungibility）。预计 Libra 的货币篮子将主要由美元、欧元、英镑和日元等组成。Libra 价格与这一篮子货币的加权平均汇率挂钩，尽管不锚定任何单一货币，仍将体现出较低波动性。

　　Libra 发行基于 100% 法币储备。这些法币储备将由分布在全球各地且具有投资级的托管机构持有，并投资于银行存款和短期政府债券。法币储备的投资收益将用于覆盖系统运行成本、确保交易手续费低廉和向早期投资者（即"Libra 联盟"）分红等。Libra 用户不分享法币储备的投资收益。

　　Libra 联盟将选择一定数量的授权经销商（主要是合规的银行和支付机构）。授权经销商可以直接与法币储备池交易。Libra 联盟、授权经销商和法币储备池通过 Libra 与法币之间的双向兑换，使 Libra 价格与一篮子货币的加权平均汇率挂钩。

　　Libra 区块链属于联盟链。Libra 计划初期招募 100 个验证节点，每秒钟支持 1 000 笔交易，以应付常态支付场景。100 个验证节点组成 Libra 联盟，以非营利组织形式注册在瑞士日内瓦。目前，Libra 已招募到 28 个验证节点，包括分布在不同地理区域

---

① 资料来源：Libra Association，2019。

的各类企业、非营利组织、多边组织和学术机构等。Libra 联盟的管理机构是理事会，由成员代表组成，每个验证节点可指派一名代表。Libra 联盟的所有决策都将通过理事会做出，重大政策或技术性决策需要 2/3 以上成员表决。

对 Libra 的分析

Libra 协会（2019）披露的信息非常有限，以下分析是尽力而为（best effort），尽量不引入额外假设或猜测。

从货币角度看 Libra

Libra 作为基于一篮子货币的合成货币单位，与 IMF（国际货币基金组织）的特别提款权一样，属于超主权货币。周小川（2012）对超主权货币有深刻阐述。

在发行环节，Libra 基于 100% 法币储备，因为代表一篮子已经存在的货币，Libra 没有货币创造功能，扩大 Libra 发行的唯一办法是增加法币储备。如果 Libra 广泛流通，并且出现了基于 Libra 的存贷款活动，是否有货币创造？我们认为不一定。这取决于 Libra 贷款派生出的存款（即图 2.9 最下方的"来自企业的 50 个 Libra 的存款"，其属于账户范式，而非通证范式）是否被视为货币。但可以肯定的是，Libra 代表一篮子货币，没有真正意义上的货币政策，远不是货币非国家化。

Libra 有价值储藏功能。但因为货币网络效应以及现实中尚无以 Libra 计价的商品或服务，Libra 的交易媒介和计价单位功能在 Libra 发展前期将受限制。比如，消费者用 Libra 在一个国家购

第二章　区块链与金融基础设施

商业银行		企业	
资产	负债	资产	负债
100个Libra			

（贷款前，银行持有100个Libra）

商业银行		企业	
资产	负债	资产	负债
50个Libra 给企业的50个Libra的贷款		50个Libra	从银行借的50个Libra的贷款

（银行向企业放贷50个Libra）

商业银行		企业	
资产	负债	资产	负债
100个Libra 给企业的50个Libra的贷款	来自企业的50个Libra的存款	存在银行处的50个Libra	从银行借的50个Libra的贷款

（企业把50个Libra存到银行）

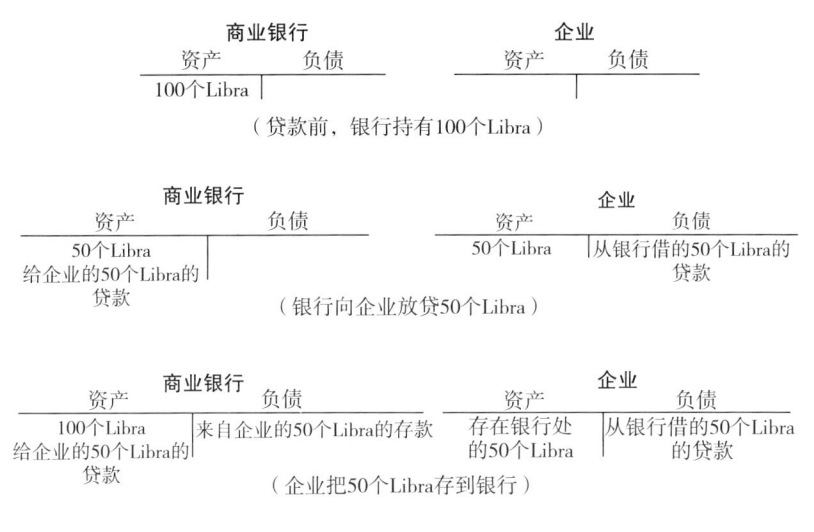

图2.9　基于Libra的存贷款活动

物，在支付环节可能不得不将Libra兑换成本地货币。这会影响支付效率和体验。

Libra能推动金融普惠。根据Libra协会（2019），用户只要在手机上装一个Calibra数字钱包，就具备拥有和使用Libra的物理条件。Libra的交易手续费低廉。Libra联盟成员有丰富行业背景，对用户需求有更深了解，有助于将Libra灵活嵌入用户生活的多个方面，提高用户使用Libra的便利性。

在Libra所属的表2.2右下方区域（"私营机构发行+零售型"），已经出现了很多稳定加密货币（比如USDC）。这些稳定加密货币主要用在加密货币交易所内，没有真正进入大众日常生活。Libra能否成为真正的支付工具，仍有待市场检验。一个不能忽视的限制条件是Libra联盟链的性能。每秒钟1 000

笔交易肯定无法支持上亿人的日常支付需求。Libra 联盟链有转成公链的计划。公链的开放性更好，但性能上更受限制。Libra 是否会像图 2.4 那样，结合账户范式来绕开区块链的性能限制？

最后，有两个值得关注的问题：一是在政治经济不稳定和货币政策失败（比如通胀高企）的国家，Libra 是否可以替代该国货币，从而实现类似"美元化"的效果？这会引起货币主权方面的复杂问题。二是随着时间推移，以 Libra 计价的经济活动是否可以达到一个小经济体的体量，从而成为某种意义上的最优货币区？

从风险角度看 Libra

Libra 协会（2019）没有披露 Libra 货币篮子的再平衡机制、法币储备池管理机制以及 Libra 与成分货币之间的双向兑换机制，因此很难准确分析 Libra 面临的市场风险、流动风险和跨境资本波动风险。一旦相关信息有详细披露，我们就可以分析这些类别的风险，并评估相应审慎监管要求。目前比较肯定的是以下几点：

第一，如果 Libra 法币储备池为追求投资收益而实施较为激进的投资策略（比如高比例投资于高风险、长期限或低流动性的资产），当 Libra 面临集中、大额赎回时，法币储备池可能没有足够的高流动性资产来应对。Libra 联盟可能不得不"火线出售"法币储备资产。这可能使资产价格承压，恶化 Libra 系统的流动性状况甚至清偿能力。Libra 没有中央银行的最后贷款人支持，如果Libra规模足够大，Libra挤兑将可能引发系统性金融风险。因此，Libra的法币储备将受到审慎监管，体现为债券类型、信用评级、期限、流动性和集中度等方面要求。

第二，Libra法币储备由分布在全球各地且具有投资级的托管机构持有。但投资级不意味着零风险，Libra选择的托管机构应满足一定监管要求。如果Libra法币储备的托管机构中包括一家或多家中央银行，那么Libra相当于实现了阿德里安（Adrian，2019）提出的"合成型CBDC"。

第三，Libra天然具备跨境支付功能，Libra的使用将是跨国境、跨货币和跨金融机构的。Libra将对跨境资本流动产生复杂影响，也将因为这方面的风险而受到审慎监管。

第四，如果基于Libra的存贷款活动伴随着货币创造（见前文），那么Libra应该因其对货币政策执行的影响而受到相应监管。

最后需要说明，尽管根据Libra协会（2019）尚无法严谨分析Libra的价格波动风险，但这是Libra将面临的最大挑战之一。前文指出，当通证承载资产时，通证价格与资产价值之间的挂钩关系由市场套利机制来保证，而市场套利机制的前提是三个规则：发行规则、双向兑换规则和可信规则。在这三个规则中，Libra最难满足的是1∶1双向兑换规则。Libra授权经销商与法币储备池交易时，不一定正好用一篮子货币，而可能只用某种成分货币买卖Libra。这样，法币储备池的货币构成将逐渐偏离最初设定的配比。成分货币汇率强弱不一，可能进一步放大这个偏离，从而使得Libra价格呈现出较为明显的波动。Libra价格波动将可能引发Libra与成分货币之间复杂的套利活动。这些挑战都源自Libra锚定一篮子货币这个安排，而对只锚定单一货币的CBDC或金融机构间结算币，则都不存在。

从合规角度看Libra

Libra涉及多国、多货币，要满足相关国家的合规要求。比如，在美国和欧元区发行稳定加密货币已有监管框架，这些监管规则将适用于Libra。比如，USDC至少要满足以下合规要求：第一，美国财政部下设金融犯罪执法网络（FinCEN）的货币服务业务（MSB）许可证；第二，经营涉及州的货币转移牌照；第三，美元准备金要存放在受FDIC保护的银行；第四，美元准备金的真实性和充足性要定期接受第三方审计并披露；第五，了解你的客户、反洗钱和反恐融资等方面的规定，特别是在反洗钱和反恐融资方面，金融行动特别工作组（FATF，系国际政府间组织）2019年6月21日发布了《虚拟资产和虚拟服务提供商：对基于风险的方法的指引》（FATF，2019）。

高伟绅律师事务所对Libra面临的合规问题进行了比较全面的梳理（Clifford Chance，2019）：第一，根据豪威（Howey）测试，Libra是否会被视为美国证券法下的一种证券？第二，如果Libra被视为虚拟货币，美国商品期货交易委员会将可能有权监管有关欺诈和操纵性行为；第三，因为法币储备的存在，Libra在欧盟可能被视为集合投资计划并受到相应监管；第四，与Libra用户及交易有关的数据隐私保护问题；第五，税收监管问题。

第二章　区块链与金融基础设施

结语

本章研究了区块链在金融基础设施中的应用（"通证范式"），比较了通证范式与账户范式在承载金融资产和交易上的异同。我们发现，这两种范式在很多应用场景已呈现出复杂的替代和互补关系。鉴于通证范式的固有优点，其应用于金融基础设施是不可阻挡的趋势，但在大规模应用前，需要克服通证范式的一些固有缺点（如性能不高，匿名特征为了解你的客户、反洗钱和反恐融资等造成的困难）。

通证范式提供了一个理解 Libra 项目、稳定加密货币、金融机构间结算币以及中央银行数字货币的视角。这个视角帮助我们穿透技术问题，聚焦区块链应用于法定货币领域的核心经济学和监管问题。Libra 项目基于通证范式实现了某种意义上的超主权货币，但不一定有货币创造，远不是货币非国家化。Libra 项目在法定储备管理和跨境资本流动上将面临审慎监管。Libra 项目将因涉及多国、多货币而需满足复杂的合规要求。

我们认为，对 Libra 项目这类创新，一方面不要将其视为"洪水猛兽"，要看到背后的技术趋势和经济逻辑；另一方面也没必要将其神话，应实事求是地分析可能造成的风险并引入相应监管。

最后需要说明的是，账户范式和通证账户可以承载证券及相关交易。本章因篇幅所限而聚焦于货币领域。对证券市场基础设施感兴趣的读者可以参考国际清算银行支付与结算委员会

（CPSS）和国际证监会组织（IOSCO）于 2012 年发布的《金融市场基础设施原则标准》（CPSS and IOSCO，2012）。通证范式对这个领域的影响可以参考国际清算银行支付和市场基础设施委员会（CPMI，前身即 CPSS）2017 年的研究报告《支付、清算和结算领域中的分布式账本技术：一个分析框架》（CPMI，2017），具体方案设计可见 DTCC 美国存托及结算机构（2019）。

参考文献

［1］ Adrian, Tobias, 2019, "Stable Coins, Central Bank Digital Currencies, and Cross-Border Payments: A New Look at the International Monetary System".

［2］ Bank of Canada, Bank of England, Monetary Authority of Singapore, 2018, "Cross-Border Interbank Payments and Settlements".

［3］ Bech, Morten, and Rodney Garratt, 2017, "Central Bank Cryptocurrencies", Bank of International Settlement (BIS).

［4］ Circle, 2018, "About Circle USDC". https://support.usdc.circle.com/hc/en-us.

［5］ Clifford Chance, 2019, "Facebook's Libra – An Exciting but Challenging Road Ahead".

［6］ Committee on Payments and Market Infrastructures (CPMI), 2017, "Distributed Ledger Technology in Payment, Clearing and Settlement: An Analytical Framework", Bank for International

Settlements（BIS）.

［7］Committee on Payment and Settlement Systems（CPSS），and International Organization of Securities Commissions（IOSCO），2012，"Principles for Financial Market Infrastructures".

［8］DTCC，2019，"Guiding Principles for the Post-Trade Processing of Tokenized Securities".

［9］Financial Action Task Force（FATF），2019，"Guidance for a Risk-Based Approach to Virtual Assets and Virtual Asset Service Providers".

［10］J. P. Morgan，2019，"J. P. Morgan Creates Digital Coin for Payments". https：//www. jpmorgan. com/global/news/digital-coin-payments.

［11］Libra Association，2019，"An Introduction to Libra"，https：//libra. org/en-US/white-paper/#the-libra-currency-and-reserve.

［12］McKinsey & Company，2016，"Global Payments 2016：Strong Fundamentals Despite Uncertain Times".

［13］PlatON，2018，"PlatON：A High-Efficiency Trustless Computing Network"，https：//www. platon. network/static/pdf/en/PlatON_A%20High-Efficiency%20Trustless%20Computing%20Network_Whitepaper_EN. pdf.

［14］万建华：《金融e时代：数字化时代的金融变局》，中信出版社，2013年。

［15］徐忠、邹传伟：《区块链能做什么，不能做什么》，中国人

民银行工作论文 2018 年第 4 期。此文后发表于《金融研究》，2018 年第 11 期。

［16］姚前:《中央银行数字货币原型系统实验研究》，《软件学报》，2018 年第 9 期。

［17］周小川:《国际金融危机：观察、分析与应对》，中国金融出版社，2012 年。

第三章

加密货币的商业
场景与应用

齐新宇

金融科技风险投资人，曾任蚂蚁金服战略研究总监，上海财经大学经济学院院长助理，经济学副教授，上海财经大学博士。曾发表《重建中国经济学的若干问题》《政府行为对两大部类增长率的影响》等十余篇学术论文。

首个加密货币——比特币诞生 10 多年来，各界不断为加密货币寻找具体落地的商业场景，试图推动其从极客世界的数字乌托邦成为连接真实世界的媒介，并在交易支付、财富贮藏、项目融资，甚至类金融衍生品等领域进行了广泛的尝试。尽管上述尝试尚未获得加密货币推崇者所期待的完全成功，但这些尝试越来越清晰地描绘出一幅未来蓝图，并正在打开通往数字世界的大门。

支付

加密货币的支付功能一直饱受诟病，诟病之一是由于加密货币既没有内在价值也没有现实的价值锚定物，与法币的兑换价格完全受短期的供求关系影响，因此用来做支付工具会导致价格波动过大，供给方的接受度较低。但事实上，内在价值和价值锚定既不是执行支付职能的充分条件，也不是必要条件。从货币发展的历史看，充当稳定等价物的充要条件是"共识"，比特币等加密货币目前不能真正履行支付功能的本质原因是既没有通过海量的自发交易形成的"共识"，也没有由强大的政府信用做背书而形成的"共识"，因此只能在极少的领域充当交易的媒介。

另外，能够真正充当交易媒介还需要具有"价值尺度"功能，也就是用自身的数量（或者质量及其他计数单位）来刻画其他商品的价格，如：

$$一只羊 = 0.1 益司黄金$$
$$一只羊 = 200 美元$$
$$一只羊 = 1\,400 元人民币$$

在上述等式中，0.1益司黄金、200美元、1 400元人民币本身就是价格。现阶段包括比特币在内的所有加密货币都不是商品的独立计价物，而是需要通过用真实世界中的法币，如美元进行转换。

为了解决加密货币的价格过度波动问题，市场上出现了一些锚定美元、新加坡元或一篮子法币的稳定币。这一尝试将加密货币的价格对应现实法币或法币计价的资产［如泰达币（USDT）、Libra等］，赋予加密货币所谓的内在价值，使加密货币对商品的计价更加稳定，从而更好地执行支付媒介功能。这种尝试看似一种改进，但也有人诟病稳定币在本质上偏离了加密货币去中心化的初心，即使能够履行支付媒介职能，也不是真正意义上的货币，而是某种形式上的"代币"。

因此，无论是没有价值锚定的比特币，还是有价值锚定的稳定币，在现阶段的尝试中都还没有真正行使货币的"支付"职能，能够触达的支付场景也非常有限。总体来看，只要比特币等加密货币能够在现实中获得足够共识，就有可能应用在更多的支付场景中。

第三章　加密货币的商业场景与应用

跨境汇款

根据世界银行的报告，2018 年全球跨境汇款总规模已经达到 6 890 亿美元。传统的跨境汇款主要是通过银行、汇款公司、邮局和移动运营商达成，单笔交易参与结算的机构多，结算时间长，效率低下，付款可能需要数小时，甚至数天才能到达目的地账户，且交易费用高昂。近年来，一些科技公司、传统金融机构和大型互联网平台企业探索使用区块链技术来提高跨境汇款的速度和降低汇款成本，比较具有代表性的有科技公司瑞波（Ripple）发行的瑞波币（XRP）、全球最大的美元结算银行摩根大通发行的摩根币、全球最大的金融科技公司蚂蚁金服的区块链汇款业务等。

瑞波是全球首个开放的支付网络，也是最早使用区块链技术和加密货币来完成跨境汇款（转账）的企业。在其开放式支付系统和分布式的 P2P 清算网络上，瑞波借助瑞波币作为底层的价值传输媒介、网关银行节点以及区块链网络同步账本，来实现包括美元、欧元、人民币、日元或者比特币等任意货币之间的转账，程序简便快捷，交易确认可以在几秒内完成，交易费用几乎是零，也没有跨行异地以及跨国支付等费用，目前已经有全球超过 60 个国家的 200 多家金融机构加入了瑞波网络。

全球最大的美元结算银行摩根大通于 2019 年年初宣布，创建与美元 1∶1 锚定的加密货币摩根币，以用于其"机构客户账户之间的即时转账"，这是美国第一家创建自己的加密货币的主流银行。2018年6月，蚂蚁金服宣布完成全球首个区块链汇款，其基本工作机理是：用户提交汇款申请后，多方通过区块链技术将汇款报文传递给各个参与机构，所有交易环节的参与机构实现多方协同信息处理，将原本机构间的串行处理并行化。由于不是通过加密货币完成底层的资金流传输，所以这类汇款同步的仅是交易信息，并没有同时完成价值传输。根据外界推测，应该还需要蚂蚁金服在相关银行存入足额的准备金以保证头寸调拨。

全球社交巨头脸书于2019年6月发布《Libra白皮书》，宣称Libra的应用场景之一是27亿用户之间的转账。虽然目前Libra距离最终落地和取得合法身份尚存在大量的不确定性，但外界普遍认为，借助海量的用户和支付、转账、社交等高频场景，Libra一旦成功可能会解决27亿跨国用户之间的即时到账的汇款或转账需求，不仅会对瑞波、摩根大通等企业的跨境汇款业务形成竞争，并有可能对现有传统的跨境汇款体系造成巨大的冲击。

加密货币衍生品交易

在加密货币发展的早期，市场上加密货币数量有限，比特币作为鼻祖可以被视为整个市场的风向标。但随着全球其他加密货币的大量涌现，比特币的价格变化已经不能完全反映市场的整体走势，相关的指数型产品应运而生。根据相关机构的统计，目前全球共有230多家数字货币交易所，2 000多种在交易所交易的加密货币产品，2018年全年的交易额约为6.6万亿美元。现有的

第三章 加密货币的商业场景与应用

主要区块链指数产品包括各交易所编制的综合指数、第三方公司编制的加密货币价格综合指数、加密货币流通性指数等。

2018 年美国财经媒体彭博与银河数字资本管理公司推出首个加密货币基准指数（Bloomberg Galaxy Crypto Index，简写为 BGCI）。BGCI 是用市值加权和考虑不同加密货币的性能，如储存价值、智能合约表现、交易情况、项目进度、隐私资产等因素赋予不同的权重，综合起来计算出一个基准数字。目前 BGCI 包括比特币、以太币、门罗币（Monero）、瑞波币和大零币（Zcash）等 10 种加密资产。

美国区块链公司 Brave New Coin（BNC）发布的以美元计价的比特币流动性指数（BLX），是综合全球 6 家主流交易所的比特币实时价格编制而成，于 2019 年 2 月被纳斯达克加入全球指数服务产品（Global Index Date Service Offerings）。BLX 被认为可以解决不同交易所实时价格不一、投资者难以准确判断市场趋势的问题，具有一定的比特币价格发现功能。

为平抑加密货币的价格波动导致的投资风险，加密货币的期权产品诞生。2018 年年初，美国首家受联邦监管的比特币期权交易平台 LedgerX，推出全球首个合法的比特币期权产品。LedgerX 为机构投资者提供比特币的看涨和看跌期权，从而使投资者能够以预定的价格买入或卖出比特币。2019 年年初，该公司 CEO 透露，正在向美国商品期货交易委员会申请增加以太币期权产品。

为了使投资者更容易分享到加密货币资产价格波动带来的收

读懂 Libra

益，一些机构和投资者也在推动加密货币 ETF 的合法化。加密货币 ETF 是指一种允许机构投资者在不持有任何加密货币资产的情况下投资加密货币的投资工具。但到目前为止，美国证券交易委员会还没有批准任何一个加密货币 ETF，虽然它以许多不同的理由拒绝批准任何已经提交的 ETF 申请，但外界普遍认为，核心原因还在于美国证券交易委员会认为当前加密货币市场缺乏有效的监管。

权益兑换与交易

在现实中，很多非标类权益的确权困难，价值评估标准不一，交易流程复杂。为此，一些创业企业和大型互联网平台企业开始研究加密货币在非标类权益交易中的应用，如用加密货币实现不同商业机构为用户提供的奖励积分之间的通兑，通过加密货币支持知识产权和数据的确权和交易等。

成立于 2014 年的区块链公司 Loyyal 是一家使用区块链和智能合约技术的全球通用用户忠诚度奖励平台。在这个平台上，用户可以用航空公司积分支付酒店房间的升级差价，用租车积分购买星巴克咖啡。用户获取积分也很方便快捷——只要购买加入该平台的企业的商品和服务就会产生积分，积分直接存入用户在该平台的数字钱包。在这个场景中，加密货币的价值在于为所有权益进行定价，从而支持原本非标的权益能够进行通兑和交易。提供类似服务的公司还有美国的创业企业 Gyft。

第三章　加密货币的商业场景与应用

在我国，大量第三方企业的小程序在大型互联网平台，如微信和支付宝上运行，也蕴藏着加密货币应用的商业场景和巨大的商业机会：一方面，平台企业可以在自己的生态系统内发行加密货币，以支持平台生态企业的积分通兑，从而提高平台对用户权益兑现的价值，并以此提高用户黏性，成为各类权益的交易平台，甚至衍生其他金融业务；另一方面，创业企业也可以建立一个连接商业企业积分兑换的第三方平台，并通过加密货币对用户持有的积分进行确权、定价，最终推动用户之间的权益交换。

除了权益的数字化，还有企业尝试用加密货币来解决个人数据交易中的隐私保护问题，基本模式是用户将个人数据输入平台，平台通过发行加密货币支持用户之间交换数据，并根据数据使用的具体情况确定数据价格，在用户隐私得到保护的前提下使数据更有效率地流动和使用。同样的模式也被一些企业用来尝试支持链上原生的数字知识产权的确权和交易。但到目前，在全球范围内，通过加密货币实现数据交易和数字知识产权交易都还没有形成成熟的商业模式，无论是大型科技公司还是创业企业，在这个领域的尝试都处在内部测试或小范围试点阶段。

储值资产

比特币诞生后，很多区块链技术的拥趸把加密货币，特别是比特币看作数字经济时代的黄金，甚至是比黄金更好的储值工具，理由包括：一是具有稀缺性。比特币的总供应量被严格设定在 2 100 万个，符合作为价值储存工具的稀缺性特征。二是可分割性强。比特币可以分割到 8 位小数，意味着作为价值储存工具，比特币的交易门槛不高且流动性强；三是可携带性（移动性）高。比特币比美元现钞和黄金都更加方便携带和进行物理形式上的转移，因此更适合作为避险资产。四是可认证性。大多数的传统储值资产的真实性很难被认证，即使黄金也需要专业设备和专门人员进行认证。比特币则可以很容易地在一台标准的计算机上通过使用免费和广泛可用的软件进行验证。五是具有恒定性。比特币等数字货币与物理货币或钻石、名画等储值物相比，具有稳定的自然属性——一串数字，所以更易于保存，不会因为丢失和物理属性被破坏而产生价值损失。

货币的基础职能之一就是价值贮藏。在不同的历史时期曾经有不同的货币履行价值贮藏的功能。在农耕时代，天然贵金属稳定地充当财富代表；在工业时代，可以被工业化制造的纸币、铸币充当财富代表；而在数字经济时代，随着越来越多的数字资产出现，需要与之相匹配的数字货币充当财富代表。据相关机构评估，全球储值资产约为 20 万亿美元，这意味着人们需要通过稀缺和有共识的资产来保留一部分财富做长期消费准备和应对未来的不确定性，这是一个古老又广泛存在的刚需。比特币等加密货币所具有的上述五个特征，有可能使加密货币成为部分人群的资产配置。

在实践中，已经有机构尝试让比特币具有像法币一样的价值贮藏功能。LedgerX 在 2018 年推出数字货币储蓄账户：开立该账户的用户可以在限定期内像储存法币一样储存比特币并赚取利息。该账户目前有3、6、12个月3种期限,其中12个月比特币收益率高达16%。虽然这个数字货币储蓄账户的底层依然是数字货币期货合约,但能够像银行存款一样获得稳定的固定收益,使比特币具有类似法币一样的价值储藏功能,而相似的商业探索还在持续中。

融资

加密货币在支付、跨境汇款、价值贮藏等方面发挥功能的同时,也逐渐衍生出一些与法币相同的功能,如融资。目前一些金融机构和互联网企业通过商业票据上链,同步实现票据价值传递的去中心化和票据信息的不可篡改性,提高了票据流转效率,降低了商业票据流转中的道德风险,并提供供应链金融服务。未来如果加密货币能够充分地在支付场景中使用,现有商业票据中包含的全部信息可以在分布式账本中得到同步,不需要商业票据就可以提供相同的供应链金融服务,会进一步降低企业融资成本。

ICO本身的理念和商业模式可以尝试用在一些商业或公众项目的融资中,加密货币的通证可以用来替代股票成为股权或其他权利的权益凭证。如企业可以把未来的利润作为价值锚定发行加密货币,并允许持有者通过交易加密货币来转让权益。另外,企业也可以把未来产品的使用权作为价值锚定,如基于无人驾驶汽车使用权的加密货币。在公共事业领域,为了避免搭便车导致的公共产品供给不足，公共设施建设的资金通常来自政府税收或者 PPP 类型的融资。未来也可以通过发行公共产品使用权通证来为公共产品融资。类似的模式甚至还可以用在重大的科学研究项目中，如火箭发射、太空探索、脑机结合等。

结语

加密货币的通证代表的是去中心化的、可以被验证的价值、权益和功能。在未来的数字经济中，如果把原本存在 Web 上的信息加入通证，并把通证中的信息一分为二：一部分在智能合约中，另一部分在用户终端，且经过数字签名不可篡改。这种二元通证可以被自由访问、自由调用、自由使用。在上述机制下，加密货币就会成为数字经济中原生的一般等价物，不需要和现有的、基于政府信用的法币系统做映射就可以履行货币的职能，货币回归到人类早期交换中的"贝壳"（实物阶段），所有点对点的交易都是基于价值对等的交换，且由于信息充分对称而实现市场出清的均衡。

从这个意义上来说，现阶段的加密货币，无论是比特币还是 Libra，都只是一种过渡形式：既不是加密货币的终局，也不是极客眼中的终极梦想。但随着前文中的尝试和探索不断渗透经济社会的更多环节，并在不同商业场景中反复迭代与扩展应用，基于技术与共识机制的原生加密货币终将诞生，今天我们眼中的数字"乌托邦"也会成为可期的现实。

第四章

脸书为什么要发行Libra

陈永伟

经济学博士,《比较》研究部主管。研究领域为产业经济学和法律经济学,曾在《经济研究》《管理世界》《经济学(季刊)》《金融研究》、Social Indicators Research、Economic Letters 等刊物上发表过 50 余篇论文,承担、参与课题 20 余项,并同时为多家媒体撰写专栏,已在各类报刊杂志上发表评论文章数百篇。

2019年6月18日,正当中国的电商企业忙着年中"大促"时,远在大洋彼岸的脸书也轰轰烈烈做了一场"大促"。在千呼万唤之下,脸书主导的加密货币Libra的官方网站终于正式上线,并同时发布了《Libra白皮书》。在西文中,Libra意为"天秤座",也是"自由"的词根,同时还是罗马帝国时期的一种货币计量单位。脸书选用这样一个字眼来命名自己的加密货币,可谓颇有深意。

在《Libra白皮书》中,Libra更是向全世界郑重宣告了自己的雄心:要建立"一套简单的、无国界的货币和为数十亿人服务的金融基础设施"。尽管列举这种加密货币的发行还要过上一段时间,但毫无疑问,Libra已经成为全球金融界最为关注的话题。

那么,作为一家商业公司,脸书为什么要高调推出这样一种世界性的加密货币呢?尤其还是在公司正深陷各种丑闻,面临来自监管部门重重压力的背景之下。既然要做加密货币,为什么要做像Libra这样的稳定币,而不是做像比特币或者其他类型的加密货币呢?另外,Libra究竟能否如其声称的那样,真正成为一种跨国的金融基础设施,又能不能像其名字的原型那样,支撑起一个商业帝国的经济体系呢?这些问题,都是颇为值得思考的。

脸书为什么要做加密货币

众所周知,脸书是一家社交平台,虽然也做一些金融业务,但总体来说并不擅长。那么,究竟是什么原因促使它要费时费力,联合多家公司一起发起 Libra 项目呢?在我们看来,理由应该有两个:一是试图利用 Libra 补上自己的商业生态中缺失的一环,进而激活自己的商业潜能;二是从加密货币切入区块链领域,获取相应的科技优势。

用 Libra 激活商业潜能

尽管脸书常被人们称为巨人,但这个所谓的巨人显然是"跛脚的"。作为一个社交平台,脸书的变现方式比较"简单粗暴",就是向用户推送广告,并向商家收取广告费。经过多年的探索,脸书在广告方面的造诣已经十分精湛,可以将本来商业气十足的广告做得十分精美、原生化,和其他信息浑然一体,用户阅读体验很好。例如,脸书有一种可供用户互动的"画布式"(Canvas)广告,有统计表明,这种广告的平均用户时长竟达到 31 秒。在用户都不太愿意看广告,见到广告就想跳过的今天,这种广告可以取得如此长的阅读时间,可以说是奇迹了!优秀的广告制作能力为脸书吸引了庞大的广告商群体,它们的广告投入为脸书带来了丰厚的收入。根据脸书发布的最新财报,在 2019 财年的第一个季度,脸书的营业总额为 150.8 亿美元,而其中由广告贡献的营收就高达149.1亿美元。换言之，广告收入在营业总额中的比重超过98%！详见图4.1。

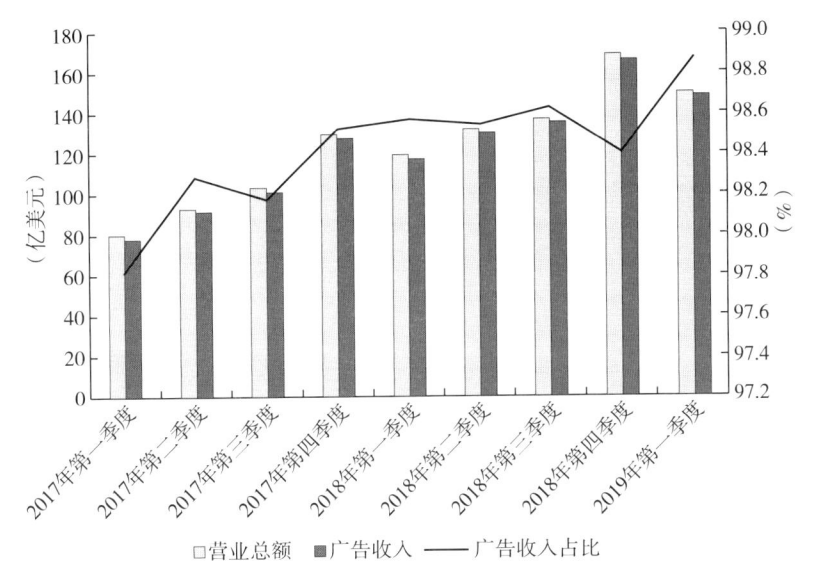

图4.1　脸书的营业总额和广告收入趋势
（2017年第一季度~2019年第一季度）

资料来源：脸书每季度财报。

诚然，脸书的"广告战法"确实简单明了、容易操作，但对于一个公司，将鸡蛋完全放在一个篮子里，其风险确实太大。一旦情况发生变动，这种过于简单的商业模式会令其陷入困境。

一方面，对于所有用户来说，广告都不算令人欢迎，即使是脸书，也不能无限供应广告。我们知道，脸书主要依靠多边平台模式来运营广告——通过免费的社交业务吸引用户，再用庞大的用户量来吸引广告商，然后从广告获取收入。和所有多边平台一样，在这个平台所连接的两个市场之间，存在着"跨边网络外部性"，一侧市场对用户的吸引力在很大程度上取决于另一侧用户的数量。不过，这两侧的"跨边网络外部性"在方向上并不一致——广告商自然希望平台的社交市场可以有更多的用户，这样它们投放的广告就会有更多的受众。但反过来，用户却不喜欢广告。即使像前面所说的"画布式"广告，如果用户看得多了也会生厌，并转而选择其他的社交平台。从这个角度看，广告虽好，但是它给整个公司带来的前景其实是十分有限的。脸书必须谨慎规划广告投放量的问题，既要保证广告收入，又不能让用户因过多的广告而产生厌恶。

另一方面，对于任何企业来讲，过度押注在某一业务上也意味着极大的风险。而对脸书，情况则更是如此。且不说广告这样利润丰厚的业务，像亚马逊、谷歌这样的公司也都"虎视眈眈"，其市场竞争会越来越激烈，单是非市场风险就已经不容忽视。事实上，脸书发生的数据泄露事件对其声誉产生了很大的负面影响。如果这种影响持续发酵，那么就有可能导致其广告收入的大幅下降。此外，还有不少学者呼吁对脸书的广告业务征收重税，以遏制其过大的市场力量，让新的竞争者有机会能够参与这个市场。如果这种建议被采纳，那么脸书的广告收入就会遭到摧毁性的打击。

在以上背景之下，进一步拓宽业务范围，摆脱业务过于单一的现状，就成为脸书的必然选择。

其实，脸书早已开始了业务多元化的尝试。举例来说，早在

第四章　脸书为什么要发行 Libra

2016年，它就推出了 Instant Game 平台，涉足游戏业务。按理说，对于像脸书这样一个坐拥数十亿用户的平台，游戏应该能给其带来十分丰厚的收入——这一点，我们看看腾讯的实践就不难知道。然而，后来的发展却证明情况并非如此。虽然经过两年多的发展，但脸书来自游戏的收入却微不足道。事实上，它的游戏业务更大程度上只是被用作吸引用户，从而扩大广告投放群体的一种手段，其本身的战略意义并不大。

那么，为什么腾讯可以做成游戏生意，并将其发展成为收入的一个重要来源，而用户数是腾讯两倍的脸书却做不成呢？其原因当然是多样的，其中之一就是，它缺乏一个属于自己的支付系统。一方面，由于没有自己的支付系统，脸书不得不在游戏内购中采用苹果、谷歌等提供的第三方支付系统，而在这个过程中，它不得不让出高额分成。另一方面，第三方支付本身的运作效率可能难以保证，这很可能会使游戏的体验受到影响。比如用苹果手机玩腾讯游戏，在苹果应用程序商店（App store）兼容微信支付之前，腾讯游戏的内购都需要先通过苹果自身的系统与银行支付系统获得联系，而这个过程经常会出现迟滞，甚至还会出现闪退等问题。在遭遇这些问题后，不少因一时冲动而想要付款的用户就可能失去支付的冲动。同样，过度依赖苹果和谷歌的脸书也会遭遇类似的问题，而这对于发展游戏业务来说，负面影响是显而易见的。

除了游戏业务，脸书还尝试过电商业务。不过，作为一个电商平台，脸书获得的评价并不高，而原因也是类似的，就是缺乏

/69

一套可靠的、便利的支付系统。为了突破这些限制，脸书就必须首先建立一套属于自己的支付系统。

但这个支付系统如何创建，依然是一个问题。在脸书面前，有多种不同的选择：一种方案是，创建一套像支付宝，或者微信支付这样的系统，这种系统只承担支付功能，但所支付的则是既有的本国货币。另一种方案则是，自己发行一套全新的加密货币系统。

从创设角度看，第一种方案的难度显然更低，并且从中国的实践来看，似乎也能较好地运作。然而，对于脸书来说，这种方案并不太合适。原因在于，和阿里巴巴、腾讯等公司不同，脸书在业务上的国际性更强，经常涉及跨境转账、支付。考虑到这些问题，使用本币的支付系统效率就比较低了。事实上，在实践中，脸书也尝试过这一思路。在 2015 年，它推出了脸书 Messenger Payments 系统，但由于以上所罗列原因，这一系统并没有得到普及。

相比之下，如果可以自行创建一套新的加密货币系统，就可以在跨境转账与支付过程中避免这些问题，从而保证支付的顺畅。一旦拥有了这样一套系统，平台不仅可以激活原有的业务，还可以为开拓新的业务提供无限的想象空间，前文提到的限制游戏、电子商务等业务的问题，都将不复存在。

如果我们回顾一下历史，就会发现其实脸书曾多次尝试创建自己的加密货币。早在 10 年前，脸书就曾经创造过一款名为脸书 Credits 的虚拟货币。用户可以用本币购买这款货币，然

第四章 脸书为什么要发行 Libra

后利用这款货币在脸书应用程序中购买商品，而脸书则在交易过程中进行抽成获取收入。在推出这款虚拟货币时，脸书曾信心十足。然而，由于这款货币需要用本币预先购买，因此汇率波动会对其造成很大影响，这严重影响了它对用户的吸引力。由于这个原因，不到两年的时间，脸书 Credits 就匆匆下架。此后，脸书还进行过几次类似的努力，不过这些努力最终都不了了之。

这一次脸书如此全力推行 Libra，在相当程度上可以被视为这一系列努力的延续。只不过，脸书 Credits 等虚拟货币没有使用区块链技术，而 Libra 则使用了这个新兴的技术。

通过 Libra 抢滩区块链

虽然脸书通常被称为"科技巨头"，但平心而论，它的"科技含量"与其他的"科技巨头"相比是相对欠缺的。相比亚马逊、谷歌、微软等在云计算、人工智能等领域处处布局，脸书要落后不少。作为科技公司，如果没有真正的核心科技，那么在竞争中就会处处落后，而区块链，则恰恰是其他巨头相对忽视的一项技术，因此脸书就有机会在这个领域取得优势。

不过，现实中脸书在行动上并没有这么快。恰恰是脸书的对手，其他的社交平台和社交软件公司抢先看准了区块链的价值。在脸书爆出数据泄露事件之后，中心化社交网络的安全性就受到了很多质疑。在这种背景下，很多人开始思索建立一种非中心化的社交网络的可能性，而以"去中性化"为主要特征的区块链技术显然让不少人看到了希望。

已经有很多人开始了类似的实践。一个典型的例子是基于区块链技术的通信软件 Telegram。这款流行于"币圈"的轻量级软件具有开源、可选端到端加密、聊天记录无限制云存储等特征，不仅在安全性上表现突出，更可以方便用户备份数据，让他们将数据在各平台之间往来携带。尽管这款软件的用户数目前只有 2 亿，看起来虽然算不上庞大，这却是在完全没有任何广告助推、资本催熟的前提下取得的，其潜力着实可见一斑。目前，Telegram 的创始人已经筹集到数十亿美元的资金，可以预期，在资本的推动下，这款软件的用户将有可能出现快速上升。假以时日，它或许也能成为一款与脸书一争高下的应用。除了 Telegram 之外，还有很多社交软件都开始拥抱区块链，像 Steemit、YOYOW、Indorse、Kin、OnG. social 等，都或多或少地应用了区块链技术。

尽管扎克伯格本人未必是区块链技术的拥趸，但出于企业家的敏感，他一定会看到这种新技术蕴含的机会。尤其在竞争对手纷纷采用了区块链，并用这项技术来与自己竞争时，他显然不能不对其引起足够的重视。此外，在脸书董事会内部，其实有很多精通区块链的人物——如我们熟悉的《从 0 到 1》的作者、贝宝的联合创始人彼得·蒂尔（Peter Thiel），还有网景联合创始人、著名投资人马克·安德森（Marc Andreessen）都深谙区块链技术。即使扎克伯格本人还怀疑区块链的机会，他们也会建议他先抢占市场。从这个角度看，脸书选择抢滩区块链，其实并不意外。

第四章　脸书为什么要发行 Libra

其实，只要我们分析一下脸书的业务特点，就会发现区块链能给它创造很多潜在的应用场景：

首先，区块链可以帮助脸书进行数据的加密，从而使其更为安全、有效地管理用户信息，防止用户的隐私数据外泄。这一潜在的应用，对帮助脸书摆脱近期的舆论困境或许是相当行之有效的。

其次，区块链可以帮助脸书更好地提供激励，从而吸引更多的开发者来为该平台开发相关的应用。我们知道，作为一个社交平台，其对用户的吸引力在很大程度上取决于平台上提供的相关应用，而应用的好坏又在很大程度上取决于应用开发者水平的高低、创意的高下。因此，吸引优秀的开发者为平台开发好的应用，已经成为社交平台的一项重要工作。现在，有很多程序员都涉足"币圈""链圈"，如果脸书能打造一个平台，在平台上通过代币来对他们进行激励，那么开发者的热情将有可能大幅提升，其为脸书开发的软件质量也会更高。

最后，由于脸书本身已经构成了一个庞大的经济体，因此利用区块链技术在其内部发放加密货币也是一个巨大的潜在应用场景。我们知道，Libra 就是在这个场景下诞生的。

在决心拥抱区块链后，脸书立即开始了行动。2018 年 5 月，脸书曾对管理层进行了一次大的调整，将整个公司分成三大部门："应用家族"部门、新平台部门以及"中心化产品服务部门"。在其中的新平台部门，专门设立了一个区块链团队。团队的负责人是原脸书 Messenger 副总裁大卫·马库斯（David Marcus），他曾担任过贝宝的总裁，同时还是加密货币交易所Coinbase的董事会成员，可谓既懂区块链，又懂具体的业务运营。此外，Instagram的高管詹姆斯·埃弗林汉（James Everingham）和凯文·威尔（Kevin Weil）也加入了该团队，与马库斯一起开展工作。这个区块链团队成立后，一直扩军备战，目前人数已经上升到了数十人。尽管成员并不算多，但素质都过硬，其中不乏顶尖的程序员和数据科学家。

那么，脸书的区块链团队为什么要将区块链技术首先应用在推出Libra，而不是其他领域呢？我认为，理由其实很简单，别的应用领域要不就是暂时不着急，要不就是暂时推不动。一方面，脸书对于开发者的现行激励体系运作比较良好，因此还不太急于用区块链代币来对其提供额外的激励；另一方面，虽然通过区块链来保证数据安全十分重要，但这个工作需要将整个公司现有的中心化数据管理体系完全颠覆为去中心化的，工程十分浩大，风险也难以预测，因此暂时也不太可能推行。而相比于上述两种应用，推出Libra，在数字货币领域发力，则有助于盘活整个公司的业务，带动公司的发展，无疑是收益最大的一个选项。因此，脸书方面选择将其作为进军区块链的第一个目标，应该说是非常明智的。

Libra为什么要是稳定币

通过以上分析，我们认为，无论是出于完善业务版图的需

第四章　脸书为什么要发行 Libra

要，还是抢滩区块链市场的目的，脸书推出一款基于区块链的加密货币都是十分必要的。但问题是，为什么是像 Libra 这样的加密货币，而不是其他类型的？

基于区块链的加密货币有很多，我们最熟悉的当属比特币。但如果我们把《Libra 白皮书》设想的 Libra 和比特币简单比较一下，就会发现两者非常不同。例如，比特币应用了工作量证明，需要加密的信息很多，而 Libra 则只对一些关键信息进行加密。更为重要的是，比特币没有对自己的价格波动做出限制，允许其价格在很大范围内摇摆，而 Libra 则被定位为一种稳定币，并将盯住其一篮子货币资产。

为什么会有这种区别呢？原因很简单，脸书开发 Libra 的目的主要是补足自己的商业版图、激活自己的商业潜力，因此它需要的是一个能够及时交易的，并且在跨国结算时使币值保持相对稳定的货币，如果加密货币不具有这一特性，那么它就没什么意义了。

我们来想象一下这样的场景：如果一位中国用户看中了一位美国商户销售的商品，这件商品标价是 0.01 个比特币。假设中国用户立即下单，考虑到比特币的转账效率，这笔交易完成的时间可能需要几十分钟甚至几个小时。然而，对于像比特币这样的加密货币，这段时间内就可能出现很大幅度的价值波动。如果是这样，交易的双方就可能随时会反悔，然后取消交易。显然，交易效率在这样的情况下很难得到保证，交易量也会因此受到限制。正是基于这样的考虑，脸书如果要做加密货币，就必须做一款币值稳定的加密货币。同时，考虑交易效率，也绝不会选择类似比特币的加密方式。

需要指出的是，要实现一款稳定币的可能思路也是多样的。从目前的实践来看，大致有三种思路可以保证加密货币的币值稳定。

第一种思路是盯住美元或者其他的货币。例如，曾在稳定币市场占据最高份额的泰达币就采取了这一思路。具体来说，每发行一单位这种货币，发币者就预存一美元。通过这种手段，就可以始终保持泰达币与美元之间的自由兑换，泰达币的币值也就可以保持稳定。

第二种思路是盯住其他加密货币。例如，去中心化的稳定币 Dai 就采取了这一思路。它的价值由其他加密货币资产支撑，而且由包含不同智能合约的自动发行的区块链生态系统管理，因此 Dai 稳定币可以很好地与美元的价值保持一致。

第三种思路则是依靠算法实现稳定。这一思路主要是编制相应的算法，根据市场状况自动调节货币的供应量，从而保证币值的稳定。

我们知道，Libra 最终采取了第一种思路来保持币值稳定。应该说，这是一种相对来说比较有效的方法。如果采取盯住其他数字货币的思路，那就要寄希望于被盯住的货币币值稳定，一来这很难做到，二来像 Libra 这样潜在流通规模巨大的货币，也着实很难找到一个足够"重"的"锚"。而采用算法控制，尽管从理论上可以很好地控制货币价值，但由于信息不对称，这种控制方法本身很可能会遭到使用者怀疑。在这种情况下，币值不稳定的风险就会很大。相比之下，采用盯住一篮子货币资产的方法，则会避免以上所说的"麻烦"。一来法币的波动总体来说还是要低于比特币等数字货币，因此其稳定效果相对较好；二来较之于纯算法调控，这种稳定方法显得更为公开透明，所以也更能取信于用户。

当然，采用盯住一篮子货币资产的方法本身也会有不少问题。一方面，各国货币本身的价值是波动的，因此这个"锚"本身也未必那么稳定。另一方面，完全盯住其他资产，就意味着脸书及其合作单位已经放弃了 Libra 采取货币政策的可能性，它们将不能创造货币，更不能像很多人设想的那样收取铸币税。当然，我们已经说过，Libra 的推出本身就有其商业价值，因此铸币税能不能收到倒也无所谓。

Libra 会成功吗

尽管脸书对 Libra 项目可谓谋划已久，但该项目究竟能否成功，Libra 能否像《Libra 白皮书》宣称的那样，建立"一套简单的、无国界的货币和为数十亿人服务的金融基础设施"，其实还存在很多的疑问。

首先，从技术上讲，Libra 是否可以成为一款符合支付需求的货币依然是有疑问的。

正如前文指出的，目前脸书所需要的，是一款可以让币值持续保持稳定的货币。由于 Libra 盯住的是一篮子货币，为了保证币值稳定，它需要拥有足够的现金储备，而对于一个（或多个）企业来讲，这很可能是一个极为沉重的负担。如果脸书的新业务不断得到开拓，交易量不断增加，那么它需要预存的现金也会随之不断增加。要在这样的情况下持续做到现金充足，即使对于脸书这样的企业来说，恐怕也不是一件容易的事情。事实上，由于类似问题的存在，泰达币的发行者 Tether 公司已经不堪重负，并因此放弃了让泰达币继续作为稳定币的承诺。

其次，脸书本身的商业目标也和加密货币存在内在的矛盾。脸书发行 Libra 的目标是什么？我认为，从根本上讲，是要拓展业务，实现更多的利润。举例来说，脸书近年来一直在努力开拓电商业务，其旗下的 Facebook Marketplace 现在已经拥有 8 亿用户。从体量来说，这甚至已经超过了中国的天猫，在理论上应该可以发展出很多盈利模式。但是，由于脸书没有自有的支付体系，只能用维萨、万事达卡等支付渠道，因此就少了很多基于支付的变现渠道。到目前为止，Facebook Marketplace 的盈利依然只能依靠广告。从这个角度看，要突破盈利模式的单一化，就必须首先突破支付这个难题，而 Libra 的推出其实就是脸书在这方面的又一次尝试。

然而，如果脸书要实现它的目标，就必须要对加密货币保持一定的控制权。但这样，它就不得不面临一个难解的悖论。作为发币机构，它对 Libra 的控制权究竟应该有多大呢？如果保持完全的控制，那么这种加密货币就会退化成一个中心化发行、控制

第四章 脸书为什么要发行 Libra

的完全中心化的货币，这和已经宣告失败的脸书 Credits 就没有什么不同了。而如果控制力不足，那么脸书就完全无法对基于该货币的交易进行追踪和控制，当然也就难以从中获得收益。从这个意义上讲，如何处理好对 Libra 的控制力度，将是脸书面临的一道难题。

再次，脸书本身的声誉也可能影响其发币。经济学家哈耶克（Hayek）曾指出，在货币的非国家化实践（当然，严格意义上讲，Libra 算不算一次货币非国家化的实验其实还有争议）中，发币机构的声誉是影响其所发货币竞争力的关键因素。在数据泄露事件之后，脸书的负面新闻一直不断，依靠现在的声誉条件，Libra 究竟能否取得市场的信任，恐怕还存在很多的变数。

最后，对于 Libra 来讲，合规和监管问题依然是一个挑战。加密货币的一个重要特点就是匿名，这当然有助于保证交易双方的隐私，但也给监管带来挑战。此前，比特币等加密货币就一直面临指责，不少人都认为它们可能会沦为犯罪分子和黑客手中的工具。而脸书显然也面临同样的问题。

事实上，在《Libra 白皮书》刚刚公布之后，脸书就招来了政界和监管机构的很大压力。美国当地时间 2019 年 7 月 2 日，美国众议院金融服务委员会正式向脸书发函，要求脸书立即停止与 Libra 相关的所有工作，理由是，这个计划将引发严重的隐私、交易、国家安全和货币政策问题。不仅是脸书超过 20 亿的用户，全球经济、投资机构、消费者利益都可能因此受到影响。

尽管从法律角度看，美国众议院金融服务委员会其实没有权

读懂 Libra

力制止 Libra 计划，但是从这个事件我们多少可以看到监管部门和美国国家层面对 Libra 的疑虑。这个初生项目将会遭遇的阻力可想而知。需要说明的是，这还只是美国一国的压力，如果 Libra 要实现跨国流通，那么还要取得所有使用国家的一致信任和同意。要做到这一点，无异于要经历"九九八十一难"。

总而言之，从现有的状况看，Libra 要像其白皮书中宣扬的那样，成为全球性的金融基础设施，恐怕还要经过很多考验。而其能否为脸书的商业版图补上那缺失的一环，恐怕更要经过时间的检验。

不过，可以肯定的是，脸书的此次发币实践将会拉开大型科技企业发币战的序幕。此后，像亚马逊、谷歌等企业都有可能推出属于自己的加密货币，而这对整个金融机构带来的影响可能是广泛而深远的。

第五章

Libra的运行
机制

袁煜明

火币中国 CEO 兼火币区块链研究院院长，清华 x–lab 区块链公开课程导师，北大创业孵化器区块链创业导师，台湾国立清华大学科技法律研究所特聘讲师。清华大学自动化系硕士毕业。

王蕊

火币研究院高级研究员，负责区块链行业应用与商业模式研究分析。新加坡国立大学应用经济学硕士毕业。

胡智威

原火币研究院首席技术分析师，负责区块链行业的技术研究分析，曾在贵州、雄安等地负责设计与实施多个区块链项目。上海交通大学计算机硕士毕业。

Libra 是由去中心化组织 Libra 协会发行和管理的稳定数字货币，由一篮子货币资产作为资产储备，是基于区块链，能够全球自由流动、价值稳定的数字货币。

Libra 基于自建的 Libra 区块链发行，目前已经发布了 Libra 测试网，计划在 2020 年正式发布 Libra 数字货币，同时正在开发名为 Calibra 的数字钱包，2020 年推出独立的 App（应用程序）。届时，用户可以选择使用 Calibra 数字钱包进行 Libra 的发送、支付以及存储服务。

认识 Libra

Libra 的愿景

"Libra 的使命是建立一套简单的、无国界的货币和为数十亿人服务的金融基础设施。"这是《Libra 白皮书》首页的第一句话。

在当前互联网世界，我们已经很习惯地获得全球信息内容，享受秒级以内的信息传递速度，和千里之外的亲人即时沟通交流。但是，价值的传递却还远没有达到这样的能力。我们看到，跨境资产的流转在不同的国家可能会受到不同的限制，而基于全球不同的清算体系，跨境转账相比信息传递明显要低效而烦琐。

同时，全球的金融服务都有不菲的费用，这是其作为信任中介和基础服务商必需的成本。所以，受到诸如技术、成本、汇款顺畅性等因素的限制，有大量迫切需要全球金融服务的人群的需求得不到满足。

在这其中，尤其以收入较低人群和金融基础设施不发达的国家人群为甚。《Libra 白皮书》中写道："他们辛辛苦苦赚来的钱被用来支付各种繁杂的费用，如汇款手续费、电汇手续费、透支手续费和 ATM 手续费等。发薪日贷款的年化利率可能达到 400% 甚至更高，仅借贷 100 美元的金融服务收费便可高达 30 美元。当被问及为什么仍然徘徊在现行金融体系的边缘时，那些仍'未开立银行账户'的人往往指出：没有足够的钱，各种不菲且难以预测的费用，银行距离太远，以及缺乏必要的手续材料。"

所以，基于这样的现状，Libra 希望能够成为未来数十亿人的金融工具。人们不必随身携带现金，那些无法获得传统金融服务的人可以使用 Libra 进行转账和跨境支付。目前，全球没有银行账户但有手机的大约有 10 亿人，Libra 将会成为他们移动支付的工具。未来，Libra 希望能够像使用手机向好友发送消息一样随时随地使用 Libra，轻松自由地向国外的家人转账。

Libra 的功能定位

那么 Libra 要如何实现它的目标呢？

Libra 的使命中包含了两层意思，一是希望 Libra 是全球化的、

第五章 Libra 的运行机制

自由的、无主权的；二是希望 Libra 能够成为一种金融基础设施，即可以为全球数十亿人服务，门槛低，应用性强的数字货币。

第一层面上，比特币等区块链数字资产可以满足这样的要求。比特币是完全无中心、无主权的，价值完全由区块链底层和共识决定，可以实现全球范围内的自由流转和支付。但是比特币却无法做到第二层面，即应用性强、门槛低。比特币等其他数字货币的价格波动是它们始终无法成为被广泛接受的支付工具的重要原因，人们希望它们支付的"货币"的价值是相对稳定的。而我们传统的移动支付如支付宝、微信中使用的电子货币，确实能够满足价值稳定、应用性强的特点，但其实际上还是某种单一类型的法币，是中心化清结算、无法全球自由流动的，且仍然需要金融设施如商业银行的配合。

所以 Libra 创造了一种新的机制，它以区块链技术作为底层，同时用一篮子货币作为价值储备，使其能够成为一种价格稳定、自由流动、无国界的数字货币。同时，Libra 协会成员此前拥有数十亿的用户基础以及广泛的应用场景，使得 Libra 有很大的希望能够普及、推广，成为被全球用户接受的支付工具，帮助发展中国家实现普惠金融。

Libra 的货币机制

Libra 希望能够创造集世界上最佳货币的特征于一体的数字货币：稳定性、低通货膨胀率、全球普遍接受和可互换性。

读懂 Libra

Libra 储备机制

Libra 通过以真实资产储备（即"Libra 储备"）作为担保来发行 Libra。储备是 Libra 内在价值的体现，保证 Libra 拥有相对稳定的价格和低通货膨胀率。通过与众多有竞争力的交易所及其他流动性提供商合作，Libra 能在任何时候以等同或接近于储备的价值出售任何 Libra 币。

Libra 储备是什么？

Libra 储备实际是一系列低波动性的资产，包括由稳定且信誉良好的中央银行提供的现金和政府货币证券，所以 Libra 的储备价值是与一篮子资产挂钩，而非单一货币。

储备主要由低风险资产构成，主要为了降低波动的可能性和严重程度，尤其是负方向波动，保证即使是在经济危机中，Libra 储备也会起到降低波动的作用。为此，Libra 储备的篮子结构已将资本保值和流动性考虑在内。

在资本保值方面，Libra 协会将仅投资那些不太可能违约，也不太可能出现高通胀的稳定政府发行的债券。此外，通过选择多个政府而不仅仅是一个政府，进一步降低投资活动的潜在影响，从而使储备多样化。在流动性方面，Libra 协会会依靠由政府发行且在流动性市场交易的短期证券来保证 Libra 储备的流动性，使得 Libra 储备规模随着流通 Libra 的数量增减而轻松调整。

第五章　Libra 的运行机制

Libra 储备与 Libra 发行

Libra 是 100% 储备发行的数字货币，即每个 Libra 都能在 Libra 储备池中兑换相应的实际资产。要发行新的 Libra，或销毁已有的 Libra，需要按照 1∶1 的比例向 Libra 储备中转入法定货币，或者取出相应的法定货币或资产。

Libra 的目标是与现有货币并存。因此 Libra 与主权货币最大的不同在于 Libra 不会有自己的货币政策，而是沿用篮子所代表的货币的中央银行政策。Libra 的信用来自背后储备的资产，且储备是 100%，并不像主权货币那样，实际的储备金通常低于流通货币的总价值。

主权货币由于有政府信用背书，成为流通和支付手段，人们无须拿主权货币去兑换背后的资产。所以各国央行可以通过自己的信用创造货币，其实际发行一张信用货币（纸币）的成本远低于其流通面值，且背后没有相应的资产储备，通过发行信用货币可以获得大量的铸币税。同时这也是政府的货币政策，通过调节货币发行量来调节国家的经济情况。但另一方面，如果操作不当，如超发货币，即货币发行量超过市场实际需求量，就会出现通货膨胀。部分国家的主权货币失效也是因为货币超发而引起恶性通货膨胀。

所以 Libra 通过 100% 储备金的方式，使得 Libra 的价格能够相对稳定，不会出现高通货膨胀，同时也避免出现类似超发、滥发等影响货币价值的手段，而 Libra 也不会从中赚取铸币税利益。

如何建立和托管 Libra 储备？

Libra 储备首先由 Libra 协会的创始成员投入原始资金。每位协会创始人将投资至少 1 000 万美元，并获得相应数量的 Libra 投资代币凭证和 Libra 币。Libra 投资代币凭证是 Libra 协会治理权和获得未来分红权的凭证，对 Libra 储备没有影响，与 Libra 的价值也无关。未来，如需创造新的 Libra 币，则必须使用法定货币按 1∶1 的比例购买 Libra 币，并将该法定货币转入储备。

Libra 储备中的资产将由分布在全球各地且具有投资级信用评价的托管机构持有，托管机构需确保储备资产安全、有较高的可审计性和透明度、避免集中保管储备的风险以及实现较高的运作效率。

Libra 储备的运营管理

Libra 储备由 Libra 协会进行综合管理，负责将兑换 Libra 获得的资金转换为符合储备要求的资产。同时，Libra 协会将会决定储备篮子的资产结构和配比，还可能会不时根据市场形势的重大变化改变储备篮子的组成结构，例如，如果储备中某些资产的发行政府出现经济危机，那么将其进行替换，但储备的总值不会因配比变化而改变。

Libra 储备将投资于低风险资产，该资产将随着时间产生利息。从利息中获得的收益将首先用于支付协会的运营开支，包括为生态系统的成长与发展投资、资助非政府组织，以及为工程研究提供资金等。支付这些费用后，剩余的一部分收益将用于向获得 Libra 投资代币的早期投资者（主要为协会创始人）支付初始投资的分红。Libra 用户不会收到来自储备资产的回报，也就是说，持有 Libra 就像持有现金，并不会获得利息。

Libra 的价格机制

Libra 的价格与汇率

与抵押单一法币的数字稳定币不同，Libra 由于背后是一篮子的各国资产，其价格并不锚定某一单一法币，而是维持一个相对稳定的价格。目前 Libra 的具体价格是多少并未确定，但可以确定的是，Libra 的价格等于 Libra 储备总规模除以 Libra 的总量，换句话说，Libra 储备的规模取决于所有 Libra 持有者的 Libra 余额。

但是 Libra 储备资产的价值并不是一成不变的，假设某段时间内 Libra 的总量恒定，其储备的总价值也会随其一篮子资产的价值变动而变动，这样 Libra 的单价就会相应变动。所以 Libra 的价格只是相对比较稳定。

另一方面，Libra 会和全球已有的各大法币都有一个汇率，这个汇率也是相对比较稳定的，但会有一定的波动。这个波动一方面来自 Libra 本身价格的波动，另一方面则是各大法币的价格波动。由于 Libra 并不与某个法币价格挂钩，且背后的储备是各大法币的结合，所以如果某一法币（如人民币）的汇率变动，

读懂 Libra

且该法币也在 Libra 储备中有份额，则 Libra 与该法币的汇率变动会有上述两者的综合影响。

Libra 与各法币的兑换

Libra 希望能够与各个国家的法币建立畅通的兑换机制，使得用户能够用任意一种法币以即时汇率与 Libra 进行兑换，就像在旅行时将一种货币换成另一种货币一样。这种方法类似过去引入其他货币的方式：确保这种货币可以用于换取真实资产，比如黄金。目的是培养人们对新货币的信任，并在货币诞生初期实现广泛使用。

而 Libra 如果要实现数字货币与法币的自由兑换，则必须要建立畅通的兑付通道和网络，同时有合规监管的外币兑换机构协助。

Libra 的发行与兑换实施机制

Libra 的发行网络

Libra 将采用授权经销商的模式进行 Libra 与储备的兑换，用户不会直接接触到储备。授权经销商是由 Libra 协会授权进行交易法定货币和 Libra 的机构，并使储备随着这些交易而增减，即 Libra 协会会根据授权经销商的需求来"制造"和"销毁"Libra。如要制造新的 Libra，经销商必须按 1∶1 的比例向储备中转入法定货币。通过与授权经销商合作，Libra 协会将自动在需求增加

第五章　Libra 的运行机制

时制造新币，并在需求收缩时销毁它们。

授权经销商通常为全球受监管的加密货币交易所。Libra 协会还在讨论与作为授权经销商的主要加密货币商行和顶级银行机构建立持续业务关系，以便人们可以尽可能轻松地使用当地货币换取 Libra。

用户兑换 Libra 的实施机制

由于 Libra 并不由协会本身直接存储和兑换资金，这样会使 Libra 需要有过高的合规门槛。Libra 通过与合规的托管机构进行合作，使它们成为储备资金保存的渠道，Libra 协会主体则作为稳定币的发行机构。所以 Libra 授权经销商与 Libra 储备的互动，很有可能是直接与各地的托管机构进行 Libra 的交易。而全球用户则通过各授权经销商进行法币和 Libra 的双向互动。

从具体操作上来说，由于目前尚未写明用户进行法币兑换的途径，我们推测 Libra 将通过储备托管机构—授权经销商—用户的模式进行兑换，即在全球各地的授权经销商可能会成为托管机构与用户之前的中间层。一方面，授权经销商通过向合规的托管机构汇款，托管机构向 Libra 协会发送信息，确认购买行为后，由 Libra 协会向授权经销商释放 Libra，授权经销商则将获得的 Libra 作为自己持有的资产储备。另一方面，授权经销商则接受用户的法币，同时将自己储备的 Libra 兑换给用户，或者接受用户的 Libra 放入储备中，同时将当地法币兑换给用户，帮用户实现 Libra 和法币的实时兑换。详见图 5.1。

读懂 Libra

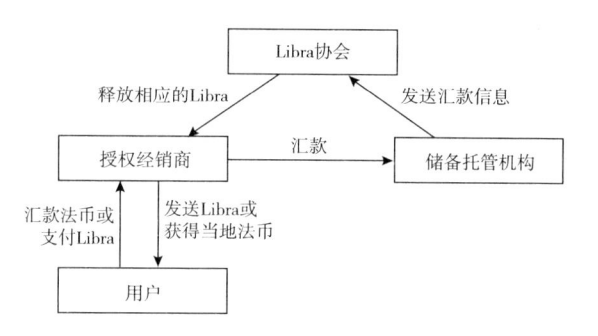

图 5.1　Libra 与法币兑换方式的可能流程

Libra 的治理机制

Libra 协会简介

为了实现 Libra 简单的、无国界的货币的目标，Libra 需要一个由多元化的独立成员构成的监管实体。这个监管实体就是 Libra 协会。

Libra 协会负责 Libra 的发行和监管，它是一个去中心化治理的非营利性成员制组织，独立于现有政府和商业集团，总部设立在瑞士日内瓦。瑞士一直以来都持全球中立立场，并对区块链技术持开放性态度，而 Libra 协会也力求成为一家中立的国际性机构，因此选择在瑞士注册。

协会成员构成

Libra 协会的成员将包括分布在不同地理区域的各种企业、

第五章 Libra 的运行机制

非营利组织、多边组织和学术机构，共同负责协会章程定稿。脸书只是协会中的一员，负责正式网络发布前的构建和运营服务，其领导地位将持续至 2019 年年末，正式网络发布之后 Libra 将由协会进行管理。目前 Libra 协会成员包括：

- 支付业：PayU（Naspers' fintech arm）。
- 技术和交易平台：脸书/Calibra、珐菲琦（Farfetch）、来福车（Lyft）、声田（Spotify）、优步（Uber Technologies, Inc.）。
- 电信业：供利亚德（Iliad）、达利丰（Vodafone Group）。
- 区块链业：安克雷奇（Anchorage）、Bison Trails、Coinbase 交易所、Xapo Holdings 有限公司。
- 风险投资业：安德森·霍洛维茨基金（Andreessen Horowitz）、突破计划（Breakthrough Initiatives）、瑞比特资本（Ribbit Capital）、兴盛资本（Thrive Capital）、联合广场风投（Union Square Ventures）。
- 非营利组织、多边组织和学术机构：创新颠覆实验室（Creative Destruction Lab）、基瓦（Kiva）、国际美慈组织（Mercy Corps）、世纪妇女银行（Women's World Banking）。

Libra 协会初始成员是 28 家，但在首次理事会召开之前，支付巨头贝宝，支付公司万事达卡（Mastercard）、维萨、Stripe、梅尔卡多·帕戈（Mercado Pago），电商巨头易贝（eBay）和互联网酒店预订服务平台缤客（Booking Holdings）共7家公司由于各种压力相继退出。此次成员退出的主要原因是监管的压力，另外，退出的7家成员大多为金融科技类公司，这类公司本身的业务也属于"合规敏感"的领域，可能自己已经挣扎在金融的创新以及监管的压力之间，就算自身不存在合规问题，接受"高水平的审查"也将对业务有一定影响。

目前剩下的21家成员中，除了支付行业和加密行业的5家公司，大部分的成员对金融监管较不敏感。另一方面，大部分成员都需要借助Libra做出一定的突破，有较强的参与动力。

另外，部分剩余协会成员可能与脸书也有一定的绑定关系，现有联盟的形成也有一定"友情支持"的成分存在。

协会成员未来计划达到100家。这些协会成员将会成为Libra协会的"创始人"。协会的创始人都为Libra区块链的验证者节点（validator nodes），即需要运行服务器维护Libra区块链网络。要成为这类验证者节点，实体需要投资至少1 000万美元（放入Libra储备），并获得Libra投资代币作为投资凭证。有些实体也可以选择只购买Libra投资代币，不成为验证者节点，则此实体仅为投资身份。若它们之后决定开始运行节点，则将根据相同的投资密钥即刻转为创始人，获得和其他创始人相同的权利和义务。

Libra早期为许可链（联盟链），即验证者节点需要经过内部权限许可才能进入，成为创始人，如果撤除节点则需要经过所有成员投票；后期将转变为非许可链（公链），符合技术要求的任何实体都可以运行验证者节点。

第五章　Libra 的运行机制

Libra 协会的组织结构

Libra 是去中心化的治理模式，由 Libra 协会进行管理，其中 Libra 协会理事会为拥有治理核心权力的机构。

除了作为治理机构的协会理事会之外，还设有作为监督机构的协会董事会、作为咨询机构的社会影响力咨询委员会（SIAB），同时还有执行团队。理事会由各成员指派一名代表构成，对董事会、执行团队和社会影响力咨询委员会的成员进行选举。详见图 5.2。

```
              ┌─────────────────┐
              │  Libra协会理事会  │
              └────────┬────────┘
        ┌──────────────┼──────────────┐
┌───────────────┐ ┌──────────────┐ ┌────────────────────┐
│ Libra协会董事会 │ │Libra协会执行团队│ │ Libra协会社会影响力 │
│               │ │              │ │     咨询委员会      │
└───────────────┘ └──────────────┘ └────────────────────┘
```

图 5.2　Libra 协会组织结构

从各个机构的职责来说，理事会类似公司制的股东大会，董事会类似公司制的董事会，执行团队类似公司制的董事长和职业经理人。但与中心化治理的公司不同，其核心机构理事会中每位成员的决策权相差不大，且足够分散，未来还可以自由进出，使其去中心化治理属性大大增强。

Libra 协会的主要职责和使命

治理

在前期推广以及未来发展和扩张过程中，Libra 协会负责协调 Libra 网络中各个验证者节点的利益，促进各节点达成共识，以定义和制定 Libra 网络的技术路线图，使 Libra 区块链健康运营；后期将向非许可型治理和共识节点运营转变，降低参与的准入门槛，并减少对创始人的依赖。

储备管理

Libra 协会将管理储备资产，在保值的基础上将资金分配给具有社会影响力的事业，为实现普惠金融的目标提供支持。当然，Libra 协会的这些活动受储备管理政策的监管和约束。后期将致力于通过完全自动化的储备管理，最大限度地减少协会作为 Libra 储备管理人的角色。

Libra 协会理事会

Libra 协会理事会为 Libra 项目的核心治理机构，成员拥有决策权，负责项目治理、制定战略和规则等。Libra 协会理事会成员由 Libra 协会每个创始人指派一名代表组成。成员可以随时更换代表。

10 月 15 日，Libra 官方推特表示，21 家 Libra 协会初始成员签署了 Libra 协会章程，Libra 协会理事会正式成立，向全球普惠金融迈出了巨大的一步。

理事会成员投票权

在许可制时期，创始人上限为 100 名，每个创始人需要持有

第五章　Libra 的运行机制

Libra 投资代币，每投资 1 000 万美元即可在理事会享有一票表决权，但有上限（详见下文）。

在非许可制时期，节点上限将会变动，可能根据网络测试情况来确定，但仍然有上限。理事会将不时更新此限制。如果成员数量超出此限制，则分得最少投票权的理事会成员将被移出理事会，直至成员数量低于限制。如有多名成员持有相同的最少投票权，则可通过撤除其中入会持续时间最短的成员来打破僵局。为了防止网络中的不活跃验证者节点数量增长到可能危及共识协议有效性的水平，如果任何成员的节点连续 10 天未参与共识算法，那么它们就可能会被 Libra 协会自动移出理事会。成员可以在节点运行后重新加入。同时，节点的投票权将从依赖 Libra 投资代币的所有权来进行治理投票，转变为依赖 Libra 的所有权来进行这些活动，即由验证者节点保管或用户委托给验证者节点的相对 Libra 份额决定。这种机制类似共识。预计将来至少 20% 的理事会投票权将分配给纯验证者节点，它们的投票权具体取决于其持有的 Libra 数量，而不仅仅是投资代币的数量。

但是 Libra 理事会对创始人的投票权设置了上限，无论其持有多少 Libra 投资代币或 Libra，单个创始人只能代表理事会中的 1 票或总票数的 1%（以较大者为准）。此上限不适用于非创始人的验证者节点（仅通过保管 Libra 加入网络的验证者节点）。设置此上限的目的在于防止投票权集中掌握在一方之手。它不会限制从 Libra 投资代币中获得的财务收益，该收益与投资规模成正比。若创始人所持

读懂 Libra

有的 Libra 投资代币或 Libra 价值能够使其获得超过上述上限的投票权，则它们应将超出的投票权交由 Libra 协会董事会进行分配。

Libra 协会理事会成员的权限

选举权

对 Libra 协会董事会成员和常务董事的任命和罢免；撤除创始人（仅适用于通过持有 Libra 投资代币加入网络的验证者节点）；设立由部分成员组成的委员会，并向他们分配/授予其任何权限（需要绝对多数投票通过的决策权限除外）等。

财务方面

设定董事的薪酬；批准协会的预算。

决策方面

代表协会发布建议；与 Libra 协议的开发者合作升级或更换协议；代表 Libra 协会董事会否决或做出决策；激活 Libra 协议中部署给验证者的功能，通过理事会投票来触发实现该功能的智能合约；与 Libra 协议的开发者合作升级或更换协议，特别是通过合作来满足向非许可型节点运营过渡的要求；对 Libra 协会指导原则进行修改（须绝对多数投票通过）等。

Libra 协会理事会决策规则

Libra 协会理事会每年将召开两次例会（紧急会议除外），理事会成员在理事会会议上投票表决，如果无法到现场可视频参加。

投票决策规则：

第五章　Libra 的运行机制

1. 上述某些决策需要获得绝对多数的理事会票数，即所有理事会成员的总票数中至少有 2/3 支持该决策。

2. 其他所有决策至少需要获得一半的理事会票数，即满足下列条件之一：参加投票的成员中至少有 1/2 支持该决策，前提是至少有代表总票数 2/3 的成员出席了会议；所有理事会成员的总票数中至少有 1/2 支持该决策。

Libra 协会中的其他机构

Libra 协会董事会

设立 Libra 协会董事会的目的是为协会执行团队提供运营指导，它是代表 Libra 协会理事会的监督机构。董事会成员数量按照规定，不得少于 5 名，但不超过 19 名。确切数量由理事会确定，且在将来可能会根据实际情况进行调整。

董事会成员包括：Libra 协会的常务董事（执行团队负责人），由理事会选举产生的理事会成员。而且，董事会的决策要生效需要获得至少一半的董事会票数支持。

董事会的职责权限是理事会授予的，除了那些需绝对多数投票来确定的决策权限外，理事会可以向董事会授予其拥有的任何权限。

董事会的基本职责和权限有：

1. 和理事会相关工作方面：预先审批 Libra 协会的预算，然后再由理事会审批决策；制定理事会会议议程等。

2. 自行决策方面：批准 Libra 协会社会影响力咨询委员会的资助或筹资建议等。

3. 和执行团队相关工作：接收 Libra 协会执行团队关于 Libra 生态系统状态和进展的季度更新，并确定要在这些状态和进展报告中讨论的主题和提供的信息。

4. 在常务董事做出决策以后，董事会可代为处理。

2019 年 10 月 15 日，协会成员通过理事会投票选举的 5 位董事会成员如下：基瓦提名的马修·戴维（Matthew Davie）、PayU 提名的帕特里克·埃利斯（Patrick Ellis）、安德森·霍洛维茨基金提名的凯蒂·豪恩（Katie Haun）、Calibra 提名的大卫·马库斯（David Marcus）、Xapo Holdings 有限公司提名的瓦茨·卡萨雷斯（Wences Casares）。

Libra 协会社会影响力咨询委员会

Libra 协会社会影响力咨询委员会是代表 Libra 协会理事会的咨询机构，由具有社会影响力的合作伙伴（SIP）领导。这些伙伴包括非营利组织、多边组织和学术机构。Libra 协会社会影响力咨询委员会由 5 ~ 7 名成员组成，不过这个数量可以由理事会进行调整。委员会成员包括：Libra 协会的常务董事，由理事会选举产生的 SIP 和学术机构代表。

Libra 协会社会影响力咨询委员会成员的首次选举将在理事会的第一次会议上进行，如果当选将任期一年，任满将再次召开理事会进行选举。不过，社会影响力咨询委员会成员没有连任届数的限制。理事会对社会影响力咨询委员会拥有治理权限,在获得理事会半数投票通过时,理事会在任何时候都可以撤除社会影响力咨询委员会的成员。

Libra 协会社会影响力咨询委员会成员并不来自理事会,没有投票权,但董事会可将部分或全部投票权授予合格的 SIP;分配给此类 SIP 和研究机构的总投票权不高于理事会总投票权的 1/3。

社会影响力咨询委员会的职责和权限如下:

1. 制定规划、标准和流程:制定 Libra 协会社会影响力咨询委员会长期战略规划;完善资助资金和社会影响力投资的分配相关标准等。

2. 将 Libra 协会社会影响力咨询委员会商定的资助和筹资建议提交给 Libra 协会董事会审批。

3. 制定新的社会影响力举措,邀请其他 SIP 加入协会。

Libra 协会执行团队

执行团队由常务董事(MD)负责领导和招募组建,负责 Libra 网络的日常运作。常务董事每 3 年由理事会选举一次,例外情况是如果这个职位的人离职或被免职,那么即刻就可以选举来保证团队的正常运转。任何理事会成员都可以为常务董事角色推荐候选人。

常务董事及其执行团队的权力源于理事会的授权。常务董事初步职责包括:Libra 网络管理、Libra 储备管理、筹资和招募创始人、激励措施和分红管理、预算和行政等。

读懂 Libra

团队成员除常务董事外，还包括副常务董事（COO）、人力行政团队、开发和产品团队、商务团队、经济团队、市场和运营团队、法律团队、政策与合规团队等。

Libra 协会执行团队职责包括：维护和促进 Libra 网络的健康发展；Libra 储备的运作；采取激励措施，来促进 Libra 网络使用人数的增长等。

Libra 协会成员将尽最大努力分配资源，支持 Libra 协会执行团队履行职责，从而尽可能保持一支精益的执行团队。

2019 年 10 月 15 日，协会成员投票任命的 Libra 执行团队成员如下：常务董事兼首席运营官伯特兰·佩雷斯（Bertrand Perez）、事业发展部负责人库尔特·赫默克（Kurt Hemecker）、政策与传播负责人但丁·迪帕特（Dante Disparte）。

如何加入 Libra 协会

要获得 Libra 协会创始人身份来运行验证者节点，申请组织必须满足一系列技术要求和评估标准，Libra 协会将根据这些要求和标准予以审核和批准。

技术要求

对希望加入 Libra 协会和运行验证者节点的组织来说，它们有两种托管选择：自托管和云托管。自托管是指协会成员在自己直接运营和管理的数据中心中托管验证者节点。而对于希望通过

第五章　Libra 的运行机制

云服务提供商运行验证者节点的组织，Libra 协会将提供相应的工具和文档协助其完成部署。

对于运行自托管验证者节点，需要达到一定的硬件才行：最基本的需要拥有近半机架的可用服务器空间，拥有 100 Mbps 或以上专用高速互联网。同时，人员设施也要达到一定要求，保证节点网络稳定运行。

创始人评估标准

因为 Libra 网络现在处于早期阶段，根据《Libra 白皮书》和以上内容，只有满足可扩展性、低延迟、即时性和安全性要求的特定类型组织方，可申请成为创始人。Libra 协会将开展尽职调查以核实组织的身份，确保加入协会的节点的质量。

企业评估标准

对于想成为创始人的企业，必须满足下列标准中的至少两项：

1. 市值超过 10 亿美元或应收款结余超过 5 亿美元。
2. 每年在多个国家/地区为超过 2 000 万人提供服务。
3. 品牌可持续性：被第三方行业协会或媒体公司评为行业百强领导者，比如《财富》杂志的"500 强"等。

而对于在这个新兴行业的一些企业，要求有所放宽。例如，加密货币投资者，管理资产（AUM）超过 10 亿美元即可；运营超过 12 个月、通过安全审计的区块链基础设施公司，为客户托管或保管至少 1 亿美元资产也可以。如果企业不满足上述标准，但能对网络的成功做出有意义的贡献，也可能成为 Libra 协会创始人。

不过，上述放宽纳入的成员数不会超过 Libra 协会成员总数的 1/3。

具有社会影响力合作伙伴的评估标准

具有社会影响力的合作伙伴如果要成为创始人，必须满足下列标准中的至少 3 项：

1. 与 Libra 的使命一致，愿意使用区块链等创新方法；5 年以上的扶贫工作记录，包括已经在实施的或计划实施的数字普惠金融举措。

2. 全球影响力：评估其目前开展业务的国家/地区数量以及所服务的人数；是否已深入目标市场，为无法或很难享受银行服务的关键人群解决这一问题。

3. 公信力：美国以排名为衡量标准——慈善导航（Charity Navigator）等排名前 100 名；世界其他地方的衡量标准——资金来源的多样性和可信度以及经证明的社会影响力。

4. 规模：年度运营预算超过 5 000 万美元。

学术机构评估标准

学术机构如果要成为创始人，必须是 QS 世界大学排名或 CS 专业排名榜单前 100 名的高校。

任何组织如果符合上述标准，能够满足上面列出的技术要求，并且有兴趣运行验证者节点和加入 Libra 协会，可以访问 libra.org 填写联系表单。Libra 协会会根据先到先审的原则审核所有申请。

第五章　Libra 的运行机制

Libra 的应用场景

跨境汇款

跨境汇款和支付是 Libra 的愿景中最希望达成的功能，也是区块链技术本身所具有的最具应用前景的落地场景之一。摩根币和瑞波协议都利用了区块链技术在实时清结算方面的优势。

目前全球跨境汇款和支付的市场很大，每年至少有上万亿美元的转账额，转账速度 T+N，平均转账手续费率超过 7%，这对于很多发展中国家人群来说是很高昂的成本。同时，全球还有约 10 亿的人群有手机却没有银行账户。比如菲律宾就是这样一个典型的国家，70%～80% 的菲律宾人口没有银行账户，且银行间市场极不发达，不利于资金流动。而菲律宾 2015 年的汇款总额达到 GDP 的 10%。所以这样的国家和人群，对于 Libra 具有很强的使用需求。

Libra 首先可以成为跨境转账的媒介，A 国用户可以通过授权经销商购买 Libra，使用点对点的区块链交易系统转账给在 B 国的亲友，能做到 T+0 到账且手续费更低。而收到 Libra 的亲友可以在当地的授权经销商处将 Libra 转换为当地货币。

Libra 已经着手开发 Calibra 数字钱包以协助提供 Libra 的发送、支付以及存储服务。之后 Libra 区块链生态中的开发者也可以开发更多的数字钱包 App 来进行 Libra 的转账，Calibra 并不是唯一选择。瓦次艾普（WhatsApp）和 Messenger 也将部署数字钱包，这两款 App 的用户可以直接在 App 内进行 Libra 的转账。未来，如果 Libra 的应用场景更多，收到的 Libra 甚至不用再兑换为本地货币，而是可以作为支付工具直接用于消费，这样 Libra 的流动性就会更高，使用成本更低。

支付工具

在 Libra 推广的初期，其将首先作为线上支付工具被使用。Libra 作为一种数字货币，需要网络作为支撑，线上支付是最容易推动的。Libra 协会具有强大的成员资源，从万事达卡、贝宝、PayU、Stripe 和维萨等支付公司到脸书、滨客、易贝、珐菲琦、来福车、声田和优步等流行服务公司，这些有巨大体量的公司能够为 Libra 提供广阔的支付场景，即这些机构可以提供以 Libra 定价的商品与服务，或支持 Libra 支付的通道，根据汇率随时计算支付金额。

另一方面，基于 Libra 区块链可以开发各种区块链应用，如区块链游戏、社交平台、电商平台等。在这些去中心化应用中包含着众多支付场景，都需要数字货币来支撑，所以 Libra 将会自然而然地成为 Libra 生态中的支付工具乃至价值尺度。

未来，Libra 支付将可能逐渐由线上扩展到线下，这需要 Libra 的使用已经形成共识和影响，成为一种新的价值尺度。扎克伯格说，希望 Libra 能够为个人用户和企业提供更多的服务——如一键支付账单、扫二维码购买咖啡，或者不需要携带现金或地铁卡就可以乘坐公共交通工具。这在使用上的感觉类似我们现在的移动支付（支付宝、微信支付），但用的却是 Libra 这种新的货币。如果出现这样的情况，则意味着 Libra 已经对当地的法币造成了一定替代性的影响。

金融服务

除了汇款与支付这两种最基础的功能，Libra 作为金融基础设施，围绕它将会延伸众多的金融服务，这些服务将开发在 Libra 区块链上，由 Libra 作为这些服务的基础货币。用户，尤其是以往无法承担高费用金融服务的人群，将可以获得各种 Libra 本位的金融增值服务，如理财服务、借贷服务、众筹服务等，从而降低金融服务的门槛。

同时，Libra 协会还计划开发区块链上的数字身份，意味着之后 Libra 的用户可以基于自己的 Libra 身份参与 Libra 生态中的金融服务，创建自己的 Libra 征信数据。一方面，Libra 征信数据未来可能为传统金融赋能，帮助用户获得传统金融服务；另一方面，Libra 也可以帮助用户以更低的成本和更高的概率获得信贷支持。

Libra 的技术机制

Libra 项目本身引起世界范围内的关注与热烈讨论，主要与发起方脸书有很大关系，但 Libra 背后的技术机制也有许多值得探讨之处。

读懂 Libra

总体架构

从许可链走向非许可链

目前由于技术限制和安全考虑，Libra 采用的是许可链的形式，只有获得许可的成员才能成为节点。但 Libra 区块链是开源的，开发者可在 GitHub 上获取代码，基于 Libra 区块链开发自己的应用。

尽管 Libra 在目前的治理结构下是一种许可链的形式，但 Libra 在设计初期就已规划将从许可链有计划地转变为公链。这在区块链世界中是较罕见的一种情况。Libra 将逐步进行网络开放，新的成员能够进入网络、持有网络权益（通过持有 Libra 投资代币），并通过在网络中运行验证者节点，开始为共识和治理做出贡献。Libra 的目标是在 5 年后逐渐由许可网络转向非许可网络，成为真正开放、符合用户利益的公链。届时 Libra 区块链将从依赖 Libra 投资代币的所有权来运行验证者节点和进行治理投票转变为依赖 Libra 的所有权来进行这些活动［权益证明（Proof of Stake，简写为 PoS）机制］，治理流程和措施也将转为链上投票执行。

节点与客户端

从整体上来看，Libra 当前设计的架构中主要涉及两类实体：

- 验证者节点。
- 客户端（Libra client）。

第五章　Libra 的运行机制

验证者节点可认为是一般区块链语境中的复制状态机（replica），由不同的实际人员或业务机构来运行维护，共同组成 Libra 网络。验证者会负责处理交易、相互通信以达成共识，同时维护最终的账本记录。

客户端是与用户直接交互的程序实体。与验证者节点不同，客户端不直接参与共识，而是接受用户的指令，并将相关指令处理后发送给对应的验证者节点，可主要分为写（如发送交易）和读（如查询账本）两大类操作。

技术亮点

诚然，区块链技术目前早已不是神秘的技术。在过去几年中我们看到越来越多的公链技术诞生，其中提出了许多创新性的架构与理念。同时，区块链技术的门槛本身也在不断降低。基于很多成熟的开发框架或工具等，许多开发者都可以较为轻松地开发出一个属于自己的区块链系统，甚至可以"一键发链"。

不过这并不代表 Libra 项目只有业务创新而没有任何技术亮点。事实上，Libra 项目还是有着不少与"传统"区块链项目不一样的创新设计之处。这些设计亮点包括底层账本结构、共识算法、智能合约设计以及隐私保护机制等。

底层账本结构

尽管 Libra 被普遍认为是一个区块链项目，而且 Libra 在其官网和文档中也不乏"blockchain"字眼，但根据 Libra 的技术文档，其在设计底层账本时并没有采用狭义上的"区块 + 链"的组织结构，而是从技术语言上更应被归为分布式账本。

Libra 仍然利用默克尔树（Merkle tree）来组织账本数据结构，但将整个账本分为账本历史、账本状态、事件、账本信息与签名等。其相互间的关系如图 5.3 所示。

当然还有一个难以避免的，Libra 随着系统的不断使用，账本总容量也会不断增加。《Libra 白皮书》中也表示，未来可能会设计资源租赁等机制来解决这个问题。

共识算法：LibraBFT

Libra 新设计了 LibraBFT（拜占庭容错）共识算法，具有 1/3 的容错性，防止双花攻击问题，吞吐量高，稳定性较强。从名字上即可看出，该共识属于拜占庭容错类的共识，是基于另一个近期研究出的拜占庭容错共识 HotStuff，并做了若干修改。

HotStuff 在传统拜占庭容错共识的基础上，采用了类似链式的结构，以获得投票支持的块/交易作为共识的结果。另外，HotStuff 共识改进了主节点作恶、宕机等失效情况的处理效率。和 Tendermint 类似，HotStuff 将正常处理流程与主节点失效、需要视图切换的两种处理过程进行了统一化处理，可以降低视图切换时的节点间通信次数（从 2k 次降低到 k + 2 次），提高系统应对攻击的能力；同时，切换视图前可以不依赖超时条件，而根据网络的实际延迟来进行共识流程。这种共识在一个公链环境中更

第五章 Libra 的运行机制

验证者签名

当共识算法完成一批交易时，它将生成经过2f+1个签名的一个特定版本的账本信息。这些签名会一直给到客户

一旦获得版本N的签名，那么除非验证者集群已经更改，否则不需要版本<N的签名。每次验证者集群更改的时候，节点应永久存档该验证者集群的最终签名

版本	在账本中的最新交易的版本
哈希（交易累计者）	交易累计者的root
其他账本信息	一个账本信息可能包含来自其他累计者的数据，例如，如果所有的客户都要求账本信息的时间标记，我们可以把那个信息拉进账本信息本身，而不是强迫客户去获得数据的证明
哈希（HotStuff 数据）	账本信息有双重用途——它们也是HotStuff的法定人数证书。HotStuff数据是该信息的哈希。除了HotStuff之外，此信息对系统的所有部分都是不透明的

交易信息

哈希（签名过的交易）	该版本的交易的哈希
哈希（交易状态的root）	这个稀释的默克尔树描述了在该交易结束的世界状态
哈希（每个TX时间的root）	在该交易期间发生所有事件的累计器
使用的Gas	该交易花费的Gas的数量

账户信息

格式	目前只支持Blob
Blob内容	在简单字符串中序列化的路径和值

图 5.3 Libra 底层账本结构

资料来源：Libra 官网。

能发挥作用，也在一定程度上从侧面反映出 Libra 具有在未来转向公链的技术基础。

不过，Tendermint 等可用于公链环境中的拜占庭容错类共识已经在实际生产环境中有了很好的应用，而 HotStuff 以及 LibraBFT 的实际应用效果还有待实践的进一步检验。

另外，以往的公链共识一般都会与经济模型特别是对矿工的激励相关，例如，一些采用权益证明共识方式的区块链网络由验证者出块并获得挖矿奖励及交易手续费。Libra 还没有详细说明如何设计与权益证明共识相关的激励与经济模型，例如通货膨胀率、挖矿奖励等。这在上线早期的许可链阶段，可以由 Libra 协会成员作为验证者来负责出块，但进入公链阶段后，如果仍然没有一个完善的经济体系，则会出现共识、治理等各类问题，甚至影响项目成败。

智能合约语言：Move

对于智能合约的实现，Libra 并没有沿用目前许多区块链的惯用做法，例如基于以太坊虚拟机（Ethereum Virtual Machine，简写为 EVM）进行修改，或者基于目前大热的 WebAssembly 设计合约开发机制，而是为其智能合约的运行设计了一种新的编程语言 Move 和对应的编译工具以及虚拟机等。

Move 语言针对数字资产进行了许多有针对性的设计，因此尽管其很多细节还有待完善，但仍被认为是 Libra 项目的创新之一。

第五章　Libra 的运行机制

资源：面向数字资产

Move 编程语言的首要特性为资源（resource），并且 Move 编程语言中的资源类型为一等公民（first-class），在代码中有多种用法（例如函数参数、返回值以及普通变量等）。

与以往在计算机中表示数据的"值"的概念不同，资源只能被转移、消耗而无法被复制。一种普遍的看法是，此种设计将会非常有利于数字资产在链上的开发。因为数字资产就不应当被允许复制，但以太坊等区块链平台由于只是在用户控制的账户上记了一个有数字的账来体现余额，当出现一些合约或平台底层漏洞时，这类数字就很容易被恶意篡改，例如 Solidity 开发语言如果设计不当，黑客可利用溢出漏洞获得一笔天文数字量级的数字资产。出现此类问题，除了归咎于合约开发人员的粗心大意之外，开发语言自身的设计合理性也值得人们反思与警醒。

所以，Move 编程语言使用资源类型，将有利于数字资产相关的开发工作。资源的底层机制保证了数字资产不会因为合约代码级别的漏洞（bug）而被恶意增发，从编程语言层面杜绝了此类问题。

静态类型：强调安全

Move 编程语言的另一大特点是静态特性。相比 Solidity 等编程语言，Move 编程语言在编译时就会对类型进行严格的检查，许多编写上的错误可以提前到代码编译时被发现，而不是在运行出错或产生漏洞时才被发现。

读懂 Libra

具体到程序语言设计方面，Move 编程语言去掉了动态指派（dynamic dispatch）的特性。这个特性在许多高级编程语言中均被采用，例如允许代码在运行时才确定具体调用哪一段函数，以提高代码编写的灵活程度。但灵活的代价是容易因"失控"而出错，而且在运行期才暴露出的很多问题，因为动态特性，无法在编译期就提前被捕获或发现。而 Move 编程语言因为采用更为严格的静态类型，可以更方便地实现和使用 Move 合约代码的形式化验证工具，检查合约开发中的一些常见问题。

在编译后的合约代码执行前，字节码验证器（bytecode verifier）也会再进行一次检查，加强安全特性，使得程序在很大概率上可以得到预期结果。

隐私保护

许多人担心 Libra 的推出可能会加剧脸书对个人信息的泄露，也有不少人担心 Libra 可能会进一步扩大垄断以及对个人隐私，特别是金融方面信息及安全的侵犯。毕竟，脸书因数据泄露事件而引发过争议，任何人都无法保证它不会在数字资产领域再出现一次。

不过如果我们仅从技术角度探讨，Libra 在隐私保护方面已经有了专门的设计。

在整体的设计上，用户在 Libra 网络上的所有信息由用户私有，与脸书社交网络区分开。不过 Libra 的使用仍然会强调其实名的特点。个人或组织将通过与真实身份关联的用户账户使用 Libra 区块链。那么，如何实现个人数据的保护呢？Libra 网络通过使用公开密钥实现身份验证，因此这个过程中无须暴露用户个人数据。

Libra 在网络内交易时，用户遵循匿名原则，可持有一个或多个与其真实身份无关的地址，交易中不包含与用户真实身份相关的链接，只有与每次交易相关的数据（例如发送方和接收方的公开地址、时间戳和交易金额）会记录在案且公开可见。

技术实现：Libra 核心层

Libra 具体是通过开发 Libra 核心层（Libra Core）这个开源软件来实现的。Libra 核心层将采用 Rust 语言开发，遵循 Apache 2.0 协议，将是第一个实现 Libra 区块链协议的开源软件，其中包括上文提到的验证者节点与客户端的功能。

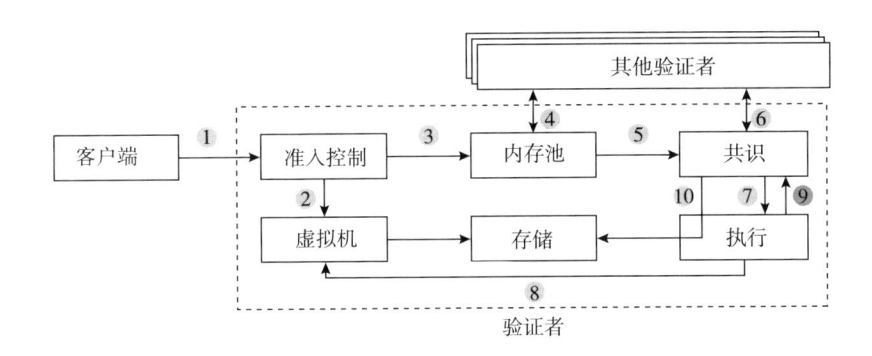

图 5.4　Libra 核心层的主要模块

资料来源：Libra 官网。

根据《Libra 白皮书》公布时透露的情况，Libra 核心层的主要模块（见图 5.4）将包括：

- 准入控制（admission control）模块：Libra 的公共 API（应用程序接口）接入点，接收客户端传来的公开 gRPC 请求。
- 内存池（mempool）：缓存待执行模块处理的交易。
- 虚拟机：以编译好的 Move 语言程序的字节码来处理交易。
- 执行（execution）模块：执行已排序好的交易，执行生成新的账本状态结果。
- 存储（storage）模块：提供分布式账本的持久化存储以及内部运行所需要的数据存储。
- 字节码验证器：检查合约字节码中的安全性，包括堆栈、类型、资源以及引用等。
- 共识（consensus）模块：实现 LibraBFT 共识算法。
- 密码学工具（crypto）模块：实现一些会使用到的密码学算法，包括哈希、签名、密钥生成与检验等。
- Move 的中间语言编译器（Move IR Compiler）：将 Move 编译的中间语言进一步编译成虚拟机的字节码。
- 网络（network）模块：提供 P2P 的网络连接功能。

准入控制模块

准入控制模块可被认为是验证者节点的对外接口。准入控制模块主要控制两种类型的客户端的请求进入：

- 提交交易：将交易提交给相应的验证者。
- 获取最新账本状态：查询最新数据。

第五章　Libra 的运行机制

后一种请求目前暂未设置任何控制，将直接转发至存储模块进行查询。而前一种请求将被进行多种类型的检查：检查签名是否有效、交易发送者余额是否充足等，并将检查结果返给客户端。

内存池

内存池作为缓存池来保存和共享等待被执行的交易。当新的交易记录由客户端提交到验证者节点时，内存池一方面记录这个交易，另一方面将此交易数据在其他验证者节点之间传播共享。

虚拟机

Libra 的虚拟机名为 MoveVM，与以太坊虚拟机（EVM）类似，也是基于堆栈的虚拟机。MoveVM 为 Move 语言编译成的字节码程序提供了静态类型的最终执行环境。

同时，MoveVM 目前还预留了 "gas" 的计算逻辑。这也将是 Libra 未来转向公链环境中时十分重要的一项设计。因为在公链环境中，必须通过某些机制来控制用户通过不停地发送交易而滥用网络资源；而手续费，即前文提及的 gas 就是其中一种最为常见的设计。

执行模块

执行模块主要使用虚拟机 MoveVM 来具体处理交易的执行。除此之外，执行模块的任务还包括交易执行前的协调、为共识处理提供数据基础，以及在最终记录写入前在内存中维护共识的执行结果。

存储模块

存储模块用来保存已达成共识的交易记录及其执行结果（新的账本状态），主要会实现：

- 保存区块链数据，特别是达成共识之后的交易及交易输出结果。
- 返回默克尔树的检查结果。

具体到实现上，Libra 目前使用 RocksDB 作为底层的存储引擎，并在其基础上封装实现了名为 LibraDB 的存储模块。LibraDB 将账本数据按照其逻辑功能分别存储，例如账本状态、交易记录等。

交易主要流程

体验测试

Libra 目前已开源（https://github.com/libra/libra），并且提供了部署步骤（https://developers.libra.org/docs/my-first-transaction）。任何使用 Linux（RedHat 或 Debian 系）和 macOS 操作系统的用户，均可在本地搭建测试。

简要步骤如下：

1. 下载代码：

第五章　Libra 的运行机制

```
git clone https://github.com/libra/libra.git && cd libra
```

2. 安装相关依赖并编译：

```
./scripts/dev_setup.sh
```

3. 启动网络：

```
./scripts/cli/start_cli_testnet.sh
```

之后即可进行创建账户及转账等基本操作。一些演示操作步骤如下：

分别创建两个账户用于交易测试：

```
libra% account create
```

示意结果如下：

```
libra% account create
>> Creating/retrieving next account from wallet
Created/retrieved account #0 address ccdee1e2a778389a509fc6fc3344a1571f13d3c
333581a1f03aae475bd3c0336
libra% account create
>> Creating/retrieving next account from wallet
Created/retrieved account #1 address 1e59584351628b6cd101f5ed5aaf3e84a0c1709
c55bb09d5424abaa50b7653d1
libra% account list
User account index: 0, address: ccdee1e2a778389a509fc6fc3344a1571f13d3c33358
1a1f03aae475bd3c0336, sequence number: 0, status: Local
User account index: 1, address: 1e59584351628b6cd101f5ed5aaf3e84a0c1709c55bb
09d5424abaa50b7653d1, sequence number: 0, status: Local
```

1. 增加账户中的余额，即通常意义中的"挖矿"或者"铸币"。

例如，为创建的第一个账户余额增加110：

```
libra% account mint 0 110
```

为创建的第二个账户余额增加 52：

```
libra% account mint 1 52
```

之后可以查询：

```
libra% query balance 0
libra% query balance 1
```

结果如下，可看到余额已增加：

```
libra% account mint 0 110
>> Minting coins
Mint request submitted
libra% account mint 1 52
>> Minting coins
Mint request submitted
libra% query balance 0
Balance is: 110
```

2. 转账。

从第一个账户转 10 个币至第二个账户：

```
libra% transfer 0 1 10
```

执行结果示意如下：

```
libra% transfer 0 1 10
>> Transferring
Transaction submitted to validator
To query for transaction status, run: query txn_acc_seq 0 0
<fetch_events=true|false>
```

第五章　Libra 的运行机制

我们从 Libra 官网提供的指导步骤可以看到，目前的很多操作（创建账户、增加余额、转账等）更像是对数据库的增删改查，会直接对账本数据造成影响，因此在当前实践中，只有基于可信环境才可运行。

后台处理流程

尽管测试的操作步骤比较简单直接，但后台处理过程包含了多个模块间的交互过程与步骤。

客户端与验证者节点对于交易处理的主要流程如图 5.5 所示。

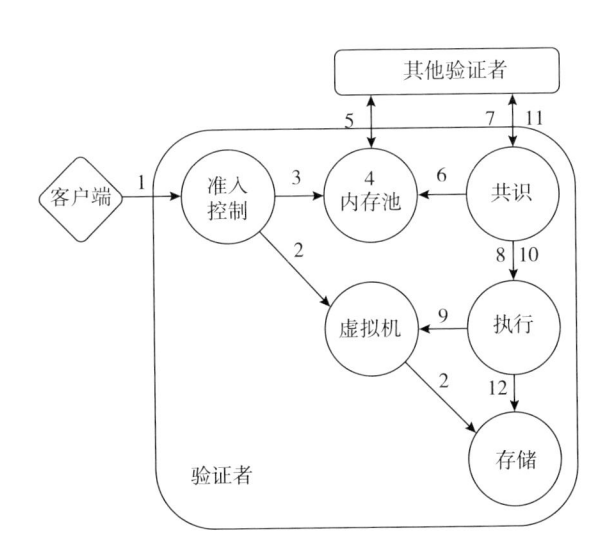

图 5.5　客户端与验证者节点对于交易处理的主要流程
资料来源：Libra 官网。

1. 客户端将用户的交易请求发送给验证者节点。
2. 验证者节点的准入控制模块接收到请求后，会调用虚拟机来检查该笔交易是否合法，例如签名的有效性、发送者的账户余额以及交易是否重放、双花等。

3. 如果检查没有问题，则准入控制模块会将该笔交易放入内存池中等待后续处理。

4. 内存池接收到交易信息后，会将数据保存在其缓存当中。一般而言，内存池中通常会保存多笔待处理交易。

5. 除了自身接收交易外，内存池还会在网络中将该笔交易与其他验证者节点共享；同样，内存池也会接收其他验证者节点发送来的交易并同样保存在缓存中。

6. 如果是共识时的主节点（leader），验证者将会从内存池中取出一批交易，并以整体形式将这批记录作为共识提议（proposal）。

7. 共识模块负责节点间共识过程中的首次信息传递。

8. 同时，在节点内部，这一批交易数据也将传递给执行模块。

9. 执行模块管理虚拟机中的交易处理。

10. 在执行结束后，执行模块将把这批交易数据追加到默克尔累加器（Merkle accumulator）中。不过本步骤仍然是一个暂存于内存池中的执行结果，同时会返回给共识模块。

11. 共识模块再次将执行结果在节点间传递以尝试达成共识。

12. 如果最终共识被足够的验证者签名认可，则该批交易数据最终将被持久化地记录在账本中。

参考文献

[1] S. Bano, C. Catalini, G. Danezis et al. Moving Toward Permissionless Consensus [R].

[2] Libra Core Overview. Libra [EB/OL]. [2019-07-12]. https://developers.libra.org/docs/libra-core-overview.

[3] M. Baudet, A. Ching, A. Chursin et al. State Machine Replication in the Libra Blockchain[R].

[4] 郭宇. Move 语言：我眼中的 Libra 最大亮点 [EB/OL]. [2019-07-12]. https://mp.weixin.qq.com/s?__biz=MzUxNTgyNDk5NQ==&mid=2247484327&idx=1&sn=5ef6e269f3f0c9a4f978eec5bac0ade9&scene=21#wechat_redirect.

第六章

细解Libra：
比较分析与思考

姚名睿

国务院参事室金融研究中心研究员,清华大学(计算机系)区块链技术联合研究中心研究员,南京大学计算机系兼职教授。

本文仅反映个人观点,不代表所在机构意见。

这一章我们将 Libra 与支付宝、传统金融基础设施和央行数字货币进行全面比较，指出 Libra 或跨越了我们曾经引以为傲的支付宝模式，一举跃进支付新时代。其中，"加密货币"是最核心的关键词。加密货币的创新价值不仅仅只是加密，保护个人隐私，它还赋予用户高度的自主性，点对点交易亦可开创自金融模式，全面提升金融普惠的广度和深度。

在价值内涵上，Libra 主动对接传统金融基础设施，锚定一篮子货币和债券，但在金融业务模式上，或将模糊直接金融和间接金融的边界，实现各类金融业务的一体化，其特有的技术特性也提升了国际金融业务的效率，从而对传统金融基础设施形成替代和竞争。与央行数字货币相比，Libra 的技术设计存在差异，但两者均采用了加密货币技术，技术路线一致。本章还将指出 Libra 面临的可能监管及其发展的不确定性。

Libra 与支付宝的区别：加密货币的创新价值

有人认为 Libra 是一个跨国界的"大"支付宝，无非加了密。实质上，这样的理解并不准确。作为拥有 27 亿用户的互联网公司，脸书要想复制支付宝模式，早就做了。而脸书的今日之举，是其看出了加密货币是一种新一代的支付工具之后的战略宣言。

读懂 Libra

如果将支付宝的技术比拟为"4G"，Libra 的技术则更像"5G"。

用户自主性：点对点支付与自金融模式

Libra 采用的是全新的价值交换技术——区块链技术，进行点对点支付，而支付宝则是围绕传统商业银行的各类账户或者自有的虚拟账户，通过一层层中心化系统的转接清算来完成支付。支付宝的数据传输过程加了密，不代表它就是加密货币。加密货币的核心要义在于，通过加密技术与经济激励相容设计的结合，实现价值的点对点交换。其最大的特点是用户的自主性，私钥本地生成，非常隐秘，从中导出公钥，再变换出钱包地址，自己给自己开账户，不需要中介，公私钥体系取代了商业银行的账户体系，这在金融史上是一个非常重大的变化：一是用户可通过数字身份运用安全技术对金融资产进行自主控制，有助于实现纯线上的金融服务，改变线上线下两层的状况，提升用户体验；二是用户之间点对点地进行金融资产交易，可以独立于任何第三方服务机构，降低成本，提升效率；三是用户对数字身份的保管，直接承担交易责任，自金融商业模式应运而生，或许对现有的金融服务模式带来直接的冲击；四是用户隐私得到了极大的保护，欧盟实施《通用数据保护条例》给金融机构带来了很大的触动，再结合国内一些聚合支付风险事件，基于密码学的隐私保护是未来金融机构投入的重点领域。在自金融模式下，客户对自己的资金、资产甚至交易行为有着极大的掌控力，不再被捆绑于银行以及第三方支付机构，个人能动性大幅加强，这是一个全新的赛道，长期来看，或将对支付宝、微信支付等第三方支付机构，SWIFT、维萨、银联、网联等转接清算机构，银行电子渠道，大数据征信机构等带来较大冲击，这也是《Libra 白皮书》发布之后被众多机构关注的原因之一。

金融普惠性：成本潜力与自由开放

目前的支付体系为了满足多主权货币以及区域性监管的要求，建设多层次账户体系以及相应的信息传输专用通道，成本耗费巨大，尤其是跨国支付，比如 SWIFT，专网建设，运营成本较高，这就导致金融服务费用和门槛高企，损害金融普惠。诚如《Libra 白皮书》所言："当被问及为什么仍然徘徊在现行金融体系的边缘时，那些仍'未开立银行账户'的人往往指出：没有足够的资金，各种不菲且难以预测的费用，银行距离太远，以及缺乏必要的手续材料。"相较而言，加密货币省去了"铺路架桥"的费用，直接复用现有的互联网基础设施，任何能连接互联网的人皆可参与其中，万物互联，开放自由。《Libra 白皮书》着重强调了区块链技术的普惠金融意义，"希望创造更完善、更实惠的开放式金融服务，人们不论身份、地位、职业、贫富，均可享受这种服务"。目前基于中本聪共识的支付效率没有那么高，为此，Libra 对性能与开放性做了平衡处理。它没有采用原教旨主义的工作量证明机制（PoW），而是采用改良版的拜占庭容错共识机制（LibraBFT – HotStuff）。与工作量证明共识机制相比，拜占庭容错机制具有效率高、吞吐量大等优势，且不使用工作量证明机制的耗电模式，节能环保。但拜占庭容错机制容错性只有1/3，要求的节点数量也不能太多，通常是几十个，同时节点需要选举或者许可，不像工作量证明机制节点那样可以自由加入，因此可扩展性和开放性有所降低。Libra采用许可链，实体通过权限授予方式，运行验证者节点。脸书邀请第三方机构作为"记账节点"，需缴纳至少1 000万美元，而普通用户使用终端钱包不参与共识没有抵押责任。《Libra白皮书》提出，未来可能成为非许可型网络，届时的共识机制或将随之发生变化。

用户隐私保护

在支付宝等传统中心化模式下，处于中心节点的数据控制者对于数据具有强大的控制力，而普通个人却无法完全控制自己的数据，中心节点容易滥用用户数据。不仅如此，个人数据大规模集中，极易成为被攻击的目标，一旦爆发风险，对个人和平台的危害巨大。脸书就曾经发生过5 000万用户数据泄露事件。而区块链技术创造了一种全新的不依赖中心、多方共享环境下、基于密码学、用户自主可控的隐私保护新模式：数据不集中存储于第三方机构，用户自主可控地对个人数据匿名化，无须让渡数据权利。数据可向哪些人透明？透明到什么程度？可否被追踪？这些都可以由用户自主掌控。Libra采用区块链技术方案，增强了数据隐私保护，在一定程度上可降低公众对脸书数据隐私保护的批评和质疑。表6.1比较了Libra与第三方支付及比特币之间的异同。

表6.1 Libra与第三方支付、比特币的比较分析

特征	第三方支付	Libra	比特币
参与交易验证以获得奖励	否	部分	是
用户抗审查性	否	部分	是
交易抗审查性	否	是	是
用户独立确认网络状态，以及拥有的货币	否	是	是
双花预防	中央账本	拜占庭容错	工作量证明
信任的机构	中心化金融机构	Libra协会与记账节点	数学算法
低资金转账成本	是（跨境不低）	是	否
广泛的用户群	是	是	否
存款保险制度	是	部分	否
对抗通胀的能力	否	不确定（稳定币储备投资能力）	初衷是（波动性较大）

Libra与传统金融基础设施：竞争还是合作

《Libra白皮书》剑指传统金融基础设施，开篇明义："Libra的使命是建立一套简单的、无国界的货币和为数十亿人服务的金融基础设施。"那么，Libra是对现有金融基础设施的替代还是补充？是竞争还是合作？

读懂 Libra

价值内涵上的合作：类稳定代币

目前看，以比特币为代表的虚拟货币仍无法有效履行计价单位、交易媒介和价值储藏三大货币基本职能（当然，许多虚拟货币拥趸在主观上依然坚持虚拟货币可以颠覆法币），根本原因在于价值不稳定。针对这一问题，价值"锚定"法定货币的数字稳定代币成为潮流。一种方式是虚拟货币的主动对接。2018 年 9 月，纽约州金融服务局（NYDFS）批准了两种受政府监管并锚定美元的数字稳定代币：双子星美元（Gemini Dollar，简写为 GUSD）和 Paxos Standard Token（PAX）。监管的介入使数字稳定代币对法币的价值锚定得到增信。另一种方式是传统金融机构发行数字结算币。2019 年 2 月，美国摩根大通推出使用区块链技术进行即时支付的数字货币摩根币，摩根币与银行存款 1∶1 兑付。

在价值内涵上，Libra 主动与现有银行体系挂钩，采用了类稳定代币的模式，盯住一篮子货币和低风险资产。《Libra 白皮书》提出，创造新的 Libra，必须使用法定货币按 1∶1 比例购买 Libra，并将该法定货币转入储备。储备将投资于低风险资产，获得投资收益。收益将首先用于支付 Libra 协会的运营开支，包括为生态系统的成长与发展投资、资助非政府组织，以及为工程研究提供资金等。支付这些费用后，剩余的一部分收益将用于向 Libra 的早期投资者支付初始投资的分红。

从这个角度看，Libra 与现有金融体系是合作关系，其价值

第六章 细解Libra：比较分析与思考

基础来源于现有金融体系的投资收益。反过来看，Libra亦可看作现有金融体系的延伸安排。某种意义上，银行存款其实是央行货币的"稳定代币"。首先，银行存款虽具有支付功能，但没有计价功能。它们以央行货币计价，最终以央行货币偿付，事实上它们是央行货币的一种延伸性支付安排，是央行货币的"代币"。其次，通过存款准备金、存款保险、最后贷款人、隐性担保等制度安排，银行存款与央行货币维持平价锚定。所以，数字稳定代币在价值锚定银行存款的同时，也锚定了央行货币。或许可以这么说，数字稳定代币是央行货币的"稳定代币"的"稳定代币"。参见图6.1。从货币层次看，央行货币是M0层次，银行存款等传统信用货币在M1和M2层次，而Libra等数字稳定代币则是在更高的货币层次。如果Libra挂钩美元，它就是美元货币体系的延伸安排。从《Libra白皮书》看，Libra挂钩的尽管是一篮子货币，但这一篮子货币当中，美元很可能是主要货币。

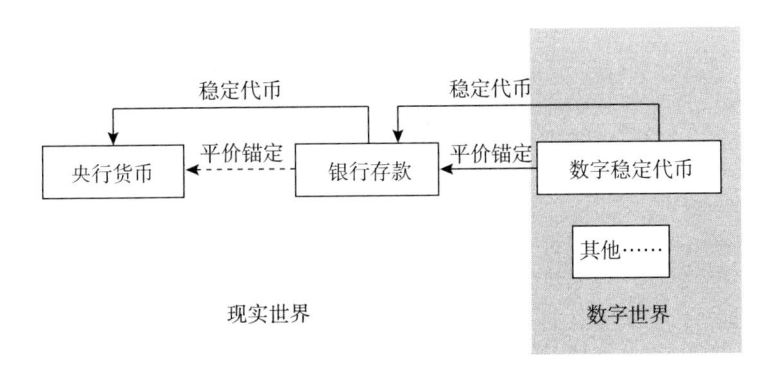

图6.1 数字稳定代币与央行货币的关系

金融模式上的竞争：自金融模式

Libra 采用区块链技术架构和智能合约平台，意味着它可以"嫁接"目前所有的金融业务模式，包括存贷汇、证券通证发行（Security Token Offering，简写为 STO）、数字资产发行、中心化/去中心化资产交易等，从而与传统金融模式形成竞争。**一是货币替代**。Libra 可被视为新一代 SWIFT，在支付功能上，或将对现有的支付体系形成替代，因此有人担忧脸书和美联储合作，将 libra 与美元挂钩，借助脸书高达 27 亿的用户和全球生态系统，可摧毁或取代各国的支付体系。**二是不同的金融生态**。传统上，直接金融市场和间接金融市场"泾渭分明"，分割程度较高，而 Libra 集各种金融模式为一体，既做存、贷、汇，同时又自带交易场所，并横跨国界，或将创造完全不同于传统的金融生态。**三是激活边缘资产**。通过数字化，各类之前不可或难以流转的边缘资产（比如知识产权、收益权等）都能在 Libra 的生态网络上流转起来，同时用户在生产数据的同时，也在创造自己的数字资产，为创新性数字金融服务提供新型底层资产。表 6.2 详细分析比较了 Libra 与现有金融基础设施。

Libra 与央行数字货币：公权与私权的对立统一

Libra 与当前的央行数字货币研发代表了两种模式：私营部门创新和公共部门创新。两者各有优劣：公共部门有资源和信

第六章 细解Libra：比较分析与思考

表6.2 Libra与现有金融基础设施的比较

	现有金融基础设施	Libra
账户基础	实名账户	社交媒体账户、区块链钱包地址
支付清算体系	中心化系统，需转接清算机构	点对点支付，无须中介
货币发行模式	中央银行计划发行，二元体系	一篮子资产抵押发行，二元体系（客户不直接接触储备，Libra协会授权经销商开展Libra交易）
货币信用等级	国家信用	企业信用
监管执行机构	金融监管机构	各司法辖区的监管部门
用户群体	自然人与法人	自然人与法人
使用场景	存贷汇+金融市场	STO+支付+虚拟银行+数字资产交易
匿名性	不支持匿名	支持匿名
金融市场	分割	一体化，自带交易场所
激励机制	无	有
独有场景	实体网点	社交媒体多层级数字化营销、弱实名微支付、数字资产交易、数字信用体系等

用上的优势，但创新动力和能力不足；而私营部门的创新动力和能力较强，公共精神却略显不足。最好的方式或许是公私合营，政府信用加市场创新，但很可能优势没有互补，劣势反而叠加。所以如何做到公权与私权的激励相容，是最大的挑战。

此次Libra发行也触动了各国央行的神经。有人将其看作特别提款权（Special Drawing Right，简写为SDR）和SWIFT的合体，对主权货币形成了挑战。甚至有人认为，Libra将可能成为超主权信用货币。实际上，这种可能性不高。Libra虽然看起来

/ 135

和 SDR 一样，锚定一篮子货币，但锚定一篮子货币并不一定能成为 SDR。SDR 的本质其实是一种货币兑换权利：会员国在发生国际收支逆差时，有权用它向国际货币基金组织（IMF）指定的其他会员国自由换取外汇。而 Libra 并没有这种机制保障，它可能会在支付功能上对国际货币形成替代，但在价值储藏上并不一定能成为国际储备货币。

某种意义上，Libra 的发行凸显了这样的事实：央行数字货币的研发绕不开央行加密货币（CBCC）。如前所述，脸书没有简单做支付宝，而是推出了 Libra，说明其对加密货币潜力和趋势的高度认可。由于第三方支付的异军突起，我国的账户体系走在世界前列，但实际上，从全球来看，无论是学术界，还是业界，无论是私营部门的创新，还是公共部门开展的法定数字货币试验，真正代表未来技术发展方向的数字货币很可能是基于加密货币技术的数字货币。CBCC 可以让客户真正自主管理自己的货币、资金和资产，而不是托付给第三方，真正赋予客户自主掌控的能力，目前看，这应是最热的前沿焦点。

从公开资料看，我国央行的研究起点就是 CBCC。早在 2016 年，姚前（2016）就强调："我们需充分吸收借鉴国际上先进成熟的知识和经验，深入剖析数字货币的核心技术。一方面，从理论入手，梳理国内外学术界对加密货币的研究成果，构建中国法定数字货币的理论基础；另一方面，从现实入手，对运营中的各类典型电子与数字货币系统进行深入分析，博采众长，构建中国

第六章　细解 Libra：比较分析与思考

法定数字货币的基础原型。"[①]

中国的 CBCC，其核心要素可概括为"一币、两库、三中心"[②]。在技术上，它利用分布式账本不可篡改、不可伪造的特性，构建了一个 CBDC 确权账本，对外通过互联网提供查询服务。这种设计一方面将核心的发行登记账本对外界进行隔离和保护，同时利用分布式账本优势，提高确权查询数据和系统的安全性和可信度；另一方面，由于分布式账本仅用于对外提供查询访问，交易处理仍由发行登记系统来完成，可以有效规避现有分布式账本在交易处理上的性能瓶颈。[③] 同时，它还采用了"总/分双层账本结构"，既减轻了中央银行的压力，又保障了中央银行的全局掌控能力。

与其相比，Libra 在技术平台、发行方、可追溯性、匿名性、与银行账户耦合程度、是否支持资产发行等方面存在差异，相同点在于：一是均采用了加密货币技术，技术路线一致；二是均进行了分层，《Libra 白皮书》提出，客户不直接接触储备，Libra 协会授权经销商开展 Libra 交易，不过在具体账本上如何设计，

[①] 姚前：《中国法定数字货币原型构想》，《中国金融》，2016 年第 17 期。
[②] 一币是指 CBDC：由央行担保并签名发行的代表具体金额的加密数字串。两库是指中央银行发行库和商业银行的银行库，同时还包括在流通市场上个人或单位用户使用 CBDC 的数字货币钱包。三中心是指认证中心、登记中心和大数据分析中心。认证中心：央行对央行数字货币机构及用户身份信息进行集中管理，它是系统安全的基础组件，也是可控匿名设计的重要环节。登记中心：记录 CBDC 及对应用户身份，完成权属登记；记录流水，完成 CBDC 产生、流通、清点核对及消亡全过程登记。大数据分析中心：反洗钱、支付行为分析、监管调控指标分析等。
[③] 姚前：《中央银数字货币原型系统实验研究》，《软件学报》，2018 年 29（9）。

尚需更详细的材料剖析。两者的比较，详见表 6.3。

表 6.3　Libra 与央行数字货币原型的比较

	央行数字货币原型	Libra
整体定位	一币两库三中心加密货币	区块链加密货币
货币属性	法定货币	稳定币，商圈币，结算币
是否依赖银行账户	可基于账户，也可基于网络终端*	否
发行方	中央银行	Libra 协会
技术平台	央行与商业银行共同建设	Libra 储备开发运维
清算机构	登记中心（区块链/分布式数据库）	分布记账（区块链）
交易可追溯性	可追溯	（看监管要求）
隐私保护	可控匿名（前台匿名，后台实名）	匿名为主
网络依赖性	在线/离线	在线
监管机构掌控力	强	弱
是否支持资产发行	否	是（STO）

* 姚前：《数字货币与银行账户》，《清华金融评论》，2017 年第 5 期。

Libra 与政府监管：私营部门的公共治理

在数字资产的世界里，数字法币的缺失是问题的根本，数字稳定代币的出现正是这一症结的体现。为维持"数字稳定代币、银行存款、央行货币"整个货币链条的价值平价锚定及其可信，中央银行或相关监管部门必须承担相应的监管任务、压力和成本。对于 Libra 而言，首要的监管焦点在于储备资产如何托管？如何保障 Libra 持有者的权益。其次，Libra 具有多重属性，它通

第六章　细解 Libra：比较分析与思考

过 STO 的方式向每一家加入 Libra 协会的机构筹集总计 10 亿美元的初始资金，对于这一行为，不同司法管辖区有不同判定，比如，美国证券交易委员会倾向于认为是证券发行。《Libra 白皮书》也强调，需要与政府监管机构合作，争取获批准创建和发行这种货币。同时 Libra 作为支付工具，用于交易流转，需要获得各司法管辖区的支付牌照，接受了解你的客户、反洗钱监管等。

Libra 本身的一些特性将带来监管上的难题和挑战：一是模糊了"离岸"与"在岸"的边界，对跨境资本流动管理框架形成冲击；二是小额、分散、高频的特点，提高了资金监测的难度；三是匿名性、去中介化、弱实名等特征，对监管提出了更高的要求；四是引入 STO 的方式，对传统企业与高成长科创企业都具有一定的吸引力，也对监管提出了新的挑战；五是超主权生态系统带来的数据开放与价值的高流动性，对现行的法律框架也带来了很大的冲击。近期，法国央行行长表示，该国正在设立一个 G7 特别工作组，研究中央银行如何确保像 Libra 这样的加密货币受到各种法规的监管。

Libra 发展的不确定性

流通范围能否出生态圈

Libra 的区块链是脸书主导的联盟链，成员虽然囊括了贝宝、维萨、万事达、Coinbase 等知名公司，并接入现有金融基础设施和基础制度，但本质上仍然是商圈币，流通范围是否能超越生态圈，有待观察。

能否充分发挥出 27 亿用户的潜力

《Libra 白皮书》提出，脸书创立受监管的子公司 Calibra，以确保社交数据与金融数据相互隔离，同时代表其构建 Libra 网络系统并提供服务。一旦 Libra 网络发布，脸书及其关联机构将与其他创始人享有相同的权利并承担相同的义务和责任。这意味着 Libra 并不一定能像微信支付一样，依靠社交平台，爆发式增长。因此，如何在数据隐私保护与商业应用之间取得平衡，将社交数据与金融数据合理有效地分隔，且良性互动，有待观察。

如何解决客户"挤兑"问题

与 1:1 兑付的摩根币（同数量的银行存款是摩根币的备付金，得到存款保险制度保护）不一样，Libra 发行后筹集的储备资产将投资于一篮子货币和债券，它在很大程度可视为既可交易，又可用于支付的货币基金份额。尤为关键的是，《Libra 白皮书》仅规定了储备资产投资收益的分配——归初始会员所有，普通持有者不能享受这一收益，但没有规定如果储备资产投资亏损，由谁来填补和兜底，普通持有者的权益如何保障？甚至《Libra 白皮书》没有明确规定客户赎回资金的具体程序和相应价

第六章　细解Libra：比较分析与思考

格，极端情况下，应对用户"挤兑"的机制尚不明确。

各国的监管态度

Libra的支付牌照、STO、了解你的客户、反洗钱、数据隐私保护、货币兑换、资金跨境流动均需受到各国监管部门的规制，监管上的不确定性将极大影响它的未来发展。

结语与启示

有一种推测是，美元战略正在从以纽约为全球金融中心的单核模式，向以纽约与硅谷为核心的线上线下全覆盖双核模式切换。目前Libra是否会对中国支付体系及相关清算机构产生冲击，取决于国内市场是否对其开放。如果允许，那么就有可能带来直接的冲击；如果不允许，Libra生态的发展也会对国内机构走出去产生非常大的影响。无论如何，Libra在理论上结合了脸书十亿量级用户和加密货币技术，不仅影响全球支付体系与资金流动，同时还可能重构整个金融生态，创建全新的数字金融模式，值得我们关注。尤其是，加密货币俨然成为一种不可阻挡的技术趋势，无论是支付宝、腾讯支付等私营部门，还是研发法定数字货币的公共部门，抑或相关监管部门，都应严肃正视这一事实。因为加密货币不见得一定就是虚拟货币，一定要把这两者区分开来。为未来考虑，也为创新考虑，学界业界应摒弃成见，研究和实验加密货币。

第七章

Libra对传统货币理论和政策的挑战

盛松成

上海市人民政府参事，中国人民银行参事，中欧国际工商学院经济学与金融学教授，上海财经大学教授、博士生导师，清华大学五道口金融学院博士生导师。曾任中国人民银行调查统计司司长，十一届全国人大代表。

蒋一乐

任职于中国人民银行上海总部，中国金融研究院（CAFR）在职博士后。

龙玉

任职于中欧陆家嘴国际金融研究院，经济学博士，毕业于上海财经大学金融学院。

本文仅反映作者观点，不代表所供职机构意见。

《Libra 白皮书》发布不久，美国时间 7 月 2 日下午，美国众议院财政服务委员会即向扎克伯格等脸书高管致函，要求立即停止该项目。这已经不是加密货币第一次引发世界范围的广泛关注，对加密货币的未来，也依然众说纷纭、莫衷一是。

比特币曾经受到热捧，当时有人认为比特币的出现是对现行货币体系的巨大挑战，甚至有人称其是"未来的黄金"。我在 2013 年年底就明确提出，虚拟货币（包括私营加密货币）本质上不是货币，不可能取代主权货币。[①] 随着时间的推移，虚拟货币的非货币本质才逐渐被人们认识。受到广泛关注的 Libra，虽然有别于其他加密货币或稳定币，具备了应用场景，但其发行机制决定了 Libra 难以作为真正意义上的货币存在。

自 2009 年比特币问世以来，私营加密货币已有近 10 年的创新发展历程，央行加密货币也在研究中。Libra 的出现甚至引发了人们对加密货币全球化趋势的思考。本章结合货币理论的演变和货币实践的发展，讨论 Libra 对货币政策的潜在影响和全球统一货币的难题。货币制度的演进和金融系统的形成不是一朝一夕

---

① 详见盛松成等：《虚拟货币本质上不是货币——以比特币为例》，《中国金融》，2014 年第 1 期；盛松成等：《货币非国家化理念与比特币的乌托邦》，《中国金融》，2014 年第 7 期。

的事情，尽管技术对制度演进具有一定的促进作用，但要在真正意义上采用加密货币，所要求的制度变革可能十分巨大。如果加密货币要成为人类货币发展史上新的里程碑，那么它不可能仅仅是纸币的电子化。

Libra 难以作为真正意义上的货币存在

从货币的本质看虚拟货币

充当商品交换的媒介，是货币的本质属性和最基本的职能，也是货币区别于其他事物的鲜明标志。从货币发展史来看，货币有两次革命性变革，这就是实物货币和现代信用货币。实物货币的特点是自身具有内在价值，并以自身价值来衡量商品的价值，充当商品交换的媒介，而现代信用货币体系是与国家以及现代经济社会组织形态紧密相连的。

从货币发展演变的历史可以看出，国家信用是国家垄断货币发行的基础。金属货币时代，金银因具有质地均匀、体积小、价值大、便于分割、易于携带等自然属性而逐渐固定地充当了一般等价物，成为各国普遍接受的货币。金银本身具有内在价值，同时又具有货币属性。然而，黄金储量和产量的有限性与商品生产的无限性之间存在矛盾。随着社会商品价值的不断增长，黄金储备无法满足货币发行的需要，这是金本位制崩溃的根本原因。布雷顿森林体系崩溃后，美元与黄金脱钩，货币就完全脱离了金属

第七章　Libra 对传统货币理论和政策的挑战

价值，成为一种观念上的计量单位。货币价值由内在价值决定的金属货币体系发展为货币价值由国家信用支撑的现代信用货币体系。

同时，现代货币是国家调节经济的重要手段，当代各国无不充分运用货币政策来调控经济运行。20 世纪 70 年代后，由于石油输出国组织的垄断提价及西方各国经济体系内部矛盾的积累，各国普遍出现了高通货膨胀和经济增长相对停滞的并发症。在这种情况下，一些国家政府相继采纳货币学派的政策主张，开始重视货币政策，把货币政策作为宏观经济调控的主要工具。货币政策为保持物价稳定和促进经济增长发挥了积极作用。为应对最近一次国际金融危机，美国实行量化宽松的货币政策，取得了明显成效。可以说，货币政策是国家调节经济的最重要手段之一。货币政策与税务、警察、法院等一样，是现代国家运行的基础，是国家机器的重要组成部分。只要国家这一社会组织形态不发生根本性变化，以国家信用为基础的货币体系就将始终存在。

国家根据全社会商品生产和交易的需要发行本位币，以法律保证本位币的流通，并通过中央调节机制保持本位币的价值稳定，从而维持现代信用货币体系正常运行。即使随着技术的进步，单一纸币发展为电子货币等多种形式，其背后依然是国家信用的背书，这是最根本的基点。相反，私营创造和发行的加密货币并不是真正意义上的货币。由于私营加密货币不具有国家信用支撑，无法广泛充当商品交易媒介，所以不是真正的货币，而且其缺少中央调节机制，与现代信用货币体系不相适应。因此，私营加密货币一般价格波动较大。

　　以比特币为例,首先,比特币不具备作为货币的价值基础。比特币是利用复杂算法产生的一串代码,它不同于黄金,本身不具有自然属性的价值。比特币能否成为交换媒介,完全取决于人们的信任度,而比特币不仅自身没有价值,也没有国家信用支撑,不具有法偿性和强制性,流通范围有限且不稳定。比特币具有很强的可替代性,很难固定地充当一般等价物。其次,比特币数量规模设定了上限,难以适应现代经济发展需要。尽管数量的有限性是很多人认为比特币优于其他虚拟货币,甚至可以媲美黄金的重要原因,但正因如此,比特币有限的数量与不断扩大的社会生产和商品流通之间存在矛盾,若成为本位币,必然导致通货紧缩,抑制经济发展。最后,数量有限性使比特币作为流通手段和支付手段的功能大打折扣,更容易成为投机对象而不是交换媒介。比特币更多被投资者用来交易,以赚取买卖差价,这直接背离了货币作为商品交换媒介的本质。

　　其实,在加密货币身上似乎存在这样一个悖论:一方面,人们寄希望于去中心化的技术和发行数量限制来确保加密货币价值的稳定;而另一方面,国家依靠货币政策调控经济运行,而这恰恰需要中心化的制度安排。因而,到目前为止,所谓的"加密货币"似乎无法同时兼顾人们对币值稳定的追求和对货币政策的需求。这一悖论意味着人们要在追求币值稳定和利用货币政策调节经济之间做出选择。

　　目前,Libra 等加密货币的发行方式和流通框架还存在很大

第七章　Libra 对传统货币理论和政策的挑战

不确定性，这不仅仅是技术问题，更是关系到制度的演变和规则的制定。例如，纳入加密货币后，货币政策和宏观调控如何实施？利率、汇率又将如何决定？货币政策如何影响物价、就业和经济增长等？这些问题单单从技术层面是难以回答和解决的。我们认为，技术可以推动和促进货币制度变革，却不能替代货币制度本身，货币政策与去中心化是加密货币的悖论。

Libra 缺乏稳固的信用基础，调节机制存在缺陷

虽然 Libra 挂钩一篮子法币，似乎解决了价格波动较大的问题，但是仍无法改变其不是货币的本质。其中一个核心问题是，Libra 目前仍然没有国家信用支撑、没有中央调节机制，其币值如何得到稳定值得怀疑。虽然目前 Libra 在积极寻求与监管当局合作，例如接受反洗钱监管、可能将储备资产存入央行，以期解决 Libra 储备安全的问题，但 Libra 储备资产毕竟不是国家直接发行的负债，因此 Libra 如何根据交易需求调控币值波动以及维持可信度，都无法与国家本位币相提并论。

从另一个角度看，Libra 似乎可以被看作盯住固定汇率的开放经济体货币，与中国香港地区的港元相似，但这只是表面现象。为了维持这一制度，中国香港基础货币的发行（负债），涵盖流量和存量，需要由足额的美元支持（资产，历年来维持在基础货币的 110% 左右）。除了足额美元支持，中国香港外汇储备也很充足，2019 年 5 月，外汇储备是基础货币的 2 倍多。这些资

产支持和储备主要在港元走弱时发挥作用，能够保证中国香港金融管理局（Hong Kong Monetary Authority，简写为 HKMA）有足额的外汇买入港元。这能让市场相信，HKMA 有足够能力抵御货币投机，管理资本流动。这一过程中，汇率保持不变的条件之一是 HKMA 通过调节货币供应量引发利率波动，从而缓解或者冲抵资本流动。因此，港元的利率波动往往较大。过大的利率波动并不利于经济和金融运行，因此 HKMA 设立了贴现窗口工具来降低利率波动。

中国香港联系汇率制经受住了数次危机考验，从运行机制上看，得益于香港商品价格调整较灵活、银行业稳健、政府财政管理审慎以及外汇储备充足。有了这些条件，还需要 HKMA 不断干预市场、给予市场信心（HKMA，2011）。可以说，如果 Libra 应用环境不具备这些经济金融基础、制度和调控手段，Libra 协会能否维持 Libra 价值稳定、抵御投机冲击，是非常值得怀疑的。

哈耶克的货币非国家化理念并不现实

无论是比特币还是 Libra，抑或其他虚拟货币，在某种程度上都体现了货币非国家化的思想。货币非国家化观点最早由英国经济学家哈耶克在 20 世纪 70 年代提出（Hayek，1976）。

20 世纪 50 年代到 70 年代，金本位制及发达国家固定汇率制度相继被废除，中央银行在货币发行方面获得更多主动权，但由于央行并不完全独立，货币发行易受政府干预，一些国家央行直

第七章 Libra 对传统货币理论和政策的挑战

接为财政赤字融资，导致西方各国普遍爆发严重通货膨胀。为控制通胀，理论界展开了广泛的讨论，提出了多种思想主张：一是以弗里德曼为代表的货币学派强调控制货币数量。受此观点影响，各国推行了一系列改革，包括加强央行独立性、引入货币政策规则、建立通货膨胀目标制等。二是哈耶克提出的货币非国家化理念，其核心论点是只有废除各国政府对货币创造的垄断才能实现价格水平稳定。哈耶克的主要政策建议是，允许若干私营发钞行各自发行不同通货并展开竞争。各发钞行以选定的一篮子商品的价格稳定为目标调控各自通货的供应量。篮子商品的价格与通货的价值成反比，各通货之间的兑换比率随币值变化而随时变化。哈耶克认为，在允许公众自由选择的条件下，公众会选择持有或使用币值稳定的通货，而抛弃币值不稳定的通货。因而发钞业务的竞争将促使各发钞行不断调整自己的通货供应量，以使该通货币值稳定，由此实现物价水平的稳定。

然而，哈耶克设想的非国家化货币体系存在诸多缺陷，不具备可操作性，他的货币非国家化理念也难以成为现实。一是非主权信用难以超越国家信用，在信息不对称条件下，私营发钞行缺乏有效的约束。二是同一经济体系中，难以存在价值标准和兑换比例不相统一的多种货币同时流通的货币体系。这是因为货币价值标准不统一将增加交易成本，容易出现价格体系的紊乱和经济体系的混乱，给经济活动带来不便和损失。三是私营货币的调节机制存在缺陷，难以保持物价稳定。正常情况下，发钞行通过扩张或收缩自身的资产方业务实现货币供应量调节，但一旦出现大规模赎回或急剧增加的货币需求，私营发钞行将难以应对。前文对 Libra 调节机制的分析也反映了这一点。

综上所述，从货币演进过程看，货币的本质是广泛充当商品交易媒介。要让社会广泛接受，必须要有实物或者信用支撑。随着社会发展，货币的外延在不断扩大，形式不断演进，由实物黄金到纸黄金，再到国家信用支撑的本币（由纸币到活期存款，由中央银行货币发行到商业银行信用创造），均是自然形成的货币。而加密货币则是技术创造的支付工具，它能否成为货币史上的又一次革命性变革和新的里程碑，是很值得怀疑的。

Libra 对货币政策的影响

Libra 在过去加密货币的基础上，有两个方面的改进：一是避免币值的大幅波动和成为投机工具，二是 Libra 将致力于提供更为便捷的跨境支付服务。

具体来讲，一方面，Libra 有足额抵押，且储备资产的持有形式包含多种主要货币（如美元、欧元、英镑、日元等）及以它们计价的低风险、高流动性的有价证券（如国债），这确保了 Libra 具有较为稳定的内在价值。而且，目前占主导地位的脸书是一个注册用户数超过全球 1/4 人口的社交网络，故 Libra 与其他加密货币相比，具有更多现实的可应用场景。这增加了 Libra 成为有效支付手段的可能性，而不是在缺乏应用场景的情况下沦为投机工具。另一方面，目前跨境支付主要依赖 SWIFT 系统，

第七章　Libra 对传统货币理论和政策的挑战

通过银行转账进行，费率较高，很难服务于金融设施尚不完善的国家和地区，而 Libra 利用区块链技术，可以较容易地完成跨境交易，打破地区和银行的限制。但 Libra 交易匿名和资金可跨国自由流动的特征，也有可能使之成为规避资本管制、逃避监管的工具。

因此，考虑到 Libra 将通过分流部分经济活动与法币形成一定竞争，并影响跨境资本流动，而 Libra 与法币同时流通还可能增加市场的波动，我们应关注 Libra 对货币政策的潜在影响。

Libra 可能削弱非储备货币国家的货币政策独立性

Libra 将影响非储备货币国家的货币主权，削弱其货币政策独立性，并影响非储备货币在国际货币体系中的地位。

Libra 和主要储备货币挂钩，事实上成为政府货币的衍生品，加强了其充当支付手段的功能。对于币值不稳定的国家和地区，Libra 有更大的吸引力。此外，Libra 在技术上具备了跨境支付的便捷性，也使市场对 Libra 的需求增加。这意味着 Libra 发行量将增加，资金将向 Libra 储备资产集中。这会影响部分非储备货币国家的货币主权，削弱其货币政策的独立性。正如目前美元化程度高的国家，由于其居民总资产中有相当大一部分外币资产（主要是美元），美元大量进入流通领域，具备货币的全部或部分职能，并具有逐步取代本国货币，成为该国经济活动的主要媒介的趋势。美元化实质上是一种货币替代现象。与之类似，一部分国

读懂 Libra

家和地区可能出现"Libra 化",虽然这可能给货币不稳定的国家带来经济增长,但要一分为二地看待,因为 Libra 也同样会威胁该国的货币主权,影响该国货币政策的独立性,从而对该国经济造成负面影响。

市场对 Libra 的需求增加也会导致国际货币体系向 Libra 储备货币进一步集中,影响非储备货币在国际货币体系中的地位。在 2019 年 7 月 17 日的听证会上,Libra 项目负责人明确表示,Libra 将与美联储和其他中央银行合作,确保 Libra 不与主权货币竞争或干预货币政策。然而,Libra 挂钩的储备货币包括美元、欧元、日元和英镑,却没有提及人民币,而目前我国已经是世界最大的贸易国,我国进口约占全球 10.8%,出口约占全球 12.8%。对我国而言,目前资本项目还未完全开放、人民币国际化仍在进程中,亟须关注如何应对 Libra 带来的冲击。

Libra 对实现货币政策宏观审慎目标提出了挑战

Libra 缺少透明稳定的运行机制,对货币政策实现宏观审慎目标提出了挑战,也可能增加跨境资金流动监管的成本。

Libra 是否具有足额的储备资产应付赎回?和其他稳定币一样,Libra 仍面临来自发行方的信用风险,因为其币值稳定有赖于发行方严格执行足额抵押的安排,并妥善管理储备资产。从前文对中国香港金融监管局的案例分析看,Libra 协会能否维持 Libra 价值稳定、抵御投机冲击,是非常值得怀疑的。此外,Libra

第七章　Libra 对传统货币理论和政策的挑战

松散的管理机制难以保证当 Libra 面临信任危机时能有妥善的应对方案。

而且，Libra 是否具有足够能力应对不同币种的买入和赎回？用户可能使用一种货币来买入 Libra，并将 Libra 赎回成另一种货币，这其中的汇率风险和汇兑成本将由谁承担？Libra 是否有能力承担这些成本？如果答案是不确定或者是否定的，这将显著影响用户对 Libra 的信任度。

此外，Libra 是否有足够能力负担跨境资金流动的监管成本？Libra 的加密性质和点对点支付能够绕过资本管制，可能加剧资本跨境流动冲击，削弱跨境资金监管的有效性，这将引致更多监管要求，带来更高监管成本。Libra 是否有能力承担这些监管成本？即使可以承担，这些监管成本也将提高 Libra 跨境支付成本，从而与 Libra 最初的设想相违背。

从更深层次讲，Libra 没有一个清晰的规则来描述其运行机制，其对资产价格联动和汇率波动的影响也存在不确定性。Libra 储备资产的币种、形式、调整频率、储备投资方式都未明确说明，究竟是保持一个固定的货币篮子，还是保持一个稳定价值的货币篮子？这两种方法的结果显然不同。例如，当保持篮子固定时，如果储备篮子中 A 货币出现显著贬值，那么 Libra 价格也将下降，投资者可能需要将 Libra 换成 B 货币。在这种情况下，Libra 生态圈中的授权经销商是否愿意将其持有的具有升值潜力的 B 货币兑换为可能贬值的 Libra？如果经销商不能满足持币者的兑换需求，那么有可能是 Libra 协会卖出部分储备资产并兑换成

读懂 Libra

B 货币，这可能会进一步加大 A 货币贬值程度。

如果保持篮子价格稳定，那么 Libra 协会需要调整储备资产，通过证券操作或者汇率操作实现储备资产投资组合的价值稳定。以汇率操作为例，Libra 协会将卖出价格较高的货币、买入价格较低的货币，发挥一种稳定器的作用。如果这样的交易量足够大，那么储备资产中币种联动将加强。这是一种"中央银行"干预操作。但如果干预规则不清晰、目标不明确，则会影响社会对其的信任和理解，从而降低 Libra 的接受程度，一旦发生信用危机，则会影响金融稳定。

Libra 可能削弱货币政策有效性

一方面，Libra 将分流、替代一部分主权货币的使用，与主权货币形成此消彼长的关系。随着 Libra 使用范围不断扩大，主权货币使用量将逐渐下降，这将降低主权货币流通速度、货币乘数，削弱货币当局对主权货币的控制力，影响货币政策有效性，扭曲货币政策传导机制。这一影响在 Libra 流通的所有国家都会发生，而不仅仅是储备货币国家。

另一方面，Libra 储备资产的调整会影响金融市场，可能产生与货币政策意图相反的结果。当 Libra 发行量不断增加时，它会增加对储备货币的存款及低风险债券的投资，这将重塑全球资产配置。资金将从其他国家（发展中国家）流出、向储备货币及相关资产流入。如果 Libra 的发行体量巨大，那么这一进程很

第七章　Libra 对传统货币理论和政策的挑战

可能对利率产生影响，削弱货币政策对经济的调节能力。例如，资金向储备货币及相关资产流入，带动储备货币利率下降，从而削弱储备货币国家紧缩货币政策的效果；同时，也可能削弱非储备货币国家宽松货币政策的效果（尤其是资本流动较自由的国家）。反之，当 Libra 需求下降时，资金会流出储备货币，带来储备货币利率上升，从而削弱储备货币国家宽松货币政策效果；同时，也可能削弱非储备货币国家紧缩货币政策的效果。这些都会影响货币政策有效性，还会扰乱不同国家的经济周期调整。

Libra 具有潜在的信用创造能力

Libra 具有潜在的信用创造能力，尽管这将取决于该项目的具体设计，但信用创造这一点十分关键，可能产生颠覆性的后果。

回顾实物货币向信用货币转变的历史，如果把 Libra 储备与黄金做类比，那么 Libra 就相当于以足额黄金为抵押发行的流通"纸币"。不过与纸币不同，Libra 是基于区块链的代币，在区块链账户体系下无法发行超额的 Libra。如此一来，由于 Libra 采用 100% 储备支持的方式发行，理论上 Libra 代币是可以与其储备资产（相当于黄金）画等号的，但这只是"中央银行"层面的发行。

随着 Libra 的持有者越来越多，也可能衍生出类似商业银行的机构（类似目前金融系统的商业银行，可称之为"Libra 银行"),人们可以在 Libra 银行开设账户以存放 Libra。如果 Libra 银行以 Libra 为抵押发行一种标准的储蓄凭证"Libra 存款",并开始进行信用创造,Libra 存款将显著上升并超过 Libra 发行量。值得注意的是,这些 Libra 存款可以存在于区块链之外,仅作为一种"凭证"进行流通。

因此,从理论上讲,基于 Libra 完全可以衍生出一个与当下金融系统平行存在的"Libra 体系"。虽然其体量目前还难以估算,但由此产生的潜在影响恐怕难以估量。最直观的影响可能是,一旦出现大量赎回,则 Libra 储备资产不足以支付所有货币,从而出现挤兑和破产,给金融稳定带来威胁。

从 Libra 看超主权货币的难题

Libra 之所以受到广泛关注,除了人们对货币政策和金融稳定方面的关切外,更引发了对货币领域另一个重大问题的讨论。有观点认为,Libra 是人类向全球统一货币形态演进的一次尝试。然而,从超主权货币的理论和实践发展来看,在可以预见的未来,全球统一货币难以实现,无国界的 Libra 更难以成为超主权货币。

超主权货币的提出

早在第二次世界大战前后,英、美两国都提出了各自的国际

第七章　Libra 对传统货币理论和政策的挑战

货币体系方案，分别是"凯恩斯方案"和"怀特方案"，二者目的都是扩大和稳定国际多边贸易和清算，均隐含了超主权货币的思想，不过都未得以实施。[①] 1944 年建立的布雷顿森林体系是一种美元与黄金挂钩的国际货币体系，它确立了美元的全球储备货币地位。不过，1960 年提出的"特里芬难题"认为，布雷顿森林体系是不稳定的，以挂钩黄金的美元作为国际货币存在维持币值稳定与扩大美元发行之间的冲突（Triffin, 1961）。20 世纪 60 年代以后，世界经济发展、国际贸易与金融往来日益频繁、美国海外战争军费支出大增，美元发行量大幅增加，但黄金增量有限，导致美元与黄金脱钩，布雷顿森林体系崩溃。自此以后，国际货币体系迈向了信用货币阶段。

在信用货币阶段，货币虽然由国家信用支撑，但其价格是可灵活波动的，这给国际贸易投资和储备资产带来了汇率风险。从更深层次讲，随着国际货币体系向美元这一单一主权货币不断集中，为了解决"特里芬难题"以及降低美元危机对全球金融稳定的影响，超主权货币被提出并得到广泛关注。

---

① "凯恩斯方案"即国际清算同盟计划，由国际清算联盟发行一种国际货币 Bancor，供各国中央银行或财政部之间结算使用。Bancor 与黄金之间比值固定，各国货币再与 Bancor 建立固定汇率，后者的调整需要经过国际清算联盟的允许。从本质看，Bancor 等同于黄金，各国可以用黄金换取 Bancor，但是不能用 Bancor 换取黄金。"怀特方案"即国际稳定基金计划，建议设立一个国际稳定基金，由各国用黄金、本国货币缴纳。基金发行以 Unita 国际货币作为计量单位，Unita 可以兑换成黄金，也可以在各国之间转移。同样，各国货币与 Unita 的比值要固定，未经基金组织同意不得变动。

蒙代尔（Mundell，1961）提出的"最优货币区域"（Optimal Currency Areas，简写为 OCA）理论是超主权货币的一个探索。该理论认为，如果某个地区内生产要素（劳动力和资本）能够自由流动，就可以采用单一货币，或者在区域内采用固定汇率且货币具有无限可兑换性。对于最优货币区域成立的条件，除了蒙代尔提到的要素流动性强之外，其他学者还提出了经济开放度较高、产品具有多样性、通货膨胀具有相似性、金融市场一体化等条件（Mckinnon，1963；Kenen，1969；Harberler，1970；Fleming，1971；Ingram，1973）。陈雨露和边卫红（2004）总结对比了一个国家选择加入货币区的收益与成本，收益在于消除外汇风险、节省交易成本、促进生产一体化和国际交换等；成本在于一国将放弃汇率调节工具和货币政策自主权，以及存在转换成本等。当收益大于成本时，一国才有可能加入货币区。

此外，学者还提出了多种形式的超主权货币，例如蒙代尔（Mundell，2012）主张建立一种由美元、欧元和日元（或人民币）组成的货币联盟，组成一个 DEY 货币作为国际货币，并且联合货币政策理事会确定该地区的货币政策。伊萨贝尔·马托斯·Y. 拉戈（Isabelle Mateos Y Lago 等，2009）建议由国际组织发行一种新的货币，不与任何一个国家经济挂钩。罗森维格（Rosensweig，2009）建议建立单一全球货币（Single Global Currency，简写为 SGC）。我们认为，这些超主权货币的主张都存在一定的制度缺陷，从目前超主权货币的实践可见一斑。

第七章　Libra 对传统货币理论和政策的挑战

超主权货币的实践：SDR 与欧元

目前超主权货币最主要的两个实践是 SDR 和欧元，并不成功，从二者经验中可以看出超主权货币发展的困境，这些困境已经超越了上述理论研究的范畴。

SDR

国际货币基金组织决定创立 SDR，以增加国际清偿力以及储备资产价值不稳定的问题。SDR 是国际货币基金组织创设的一种储备资产和记账单位，最早于 1970 年发行。SDR 采用一个货币篮子定价，所选货币为国际交易中普遍使用的货币，这一安排不仅可以为各国提供一种价值稳定的储备资产，还可以为各国提供国际收支结算工具。

不过经过几十年的发展，SDR 未能被各国广泛接受和使用，这是因为 SDR 存在用途有限、分配不合理的问题。一方面，SDR 目前只能在官方机构中使用，而不能用于非官方的跨境交易。SDR 本身并无内在价值，背后是国际货币基金组织的信用支持，人们对其接受程度并不高。另一方面，SDR 分配数量远远小于国际经济往来资金量，而且分配对象也以少数发达国家为主，这使得广大的发展中国家难以获得 SDR，因此 SDR 较难成为国际储备资产。

欧元

"最优货币区"理论推动了欧洲货币一体化，尤其是欧元的诞生。1999年1月1日，欧元正式投入流通使用，成为迄今为止真正被实践的超主权货币。欧元区单一货币政策的实践较为成功，这表现在近20年欧元区的消费价格指数整体表现稳定，而保持物价水平稳定是欧央行货币政策的首要目标。单一货币政策较为成功的原因在于，欧央行具有发行欧元的唯一特权，并且保持独立性、不受成员国政府影响。这两点有效解决了成员国中央银行之间的政策协调，避免了各国央行政策冲突可能导致的货币超发。

但是2009年爆发的欧债危机暴露了欧元区的缺陷和困境。虽然欧元区对成员国财政赤字规模和公共债务水平都有上限规定，[1] 但实践中这一外部纪律约束却无效，尤其是在经济衰退期间。由于欧元区各国失去独立的货币政策、汇率政策，从而各国加大了对财政政策的依赖。在经济衰退期间，部分成员国扩大公共债务支持财政支出，2009年10月爆发的希腊债务危机、2018年意大利的主权债务危机，都暴露了欧元区财政约束失效的问题，给欧元区经济稳定、欧元币值稳定带来了很大的负面冲击。

---

[1] 1991年欧盟各国签订的《马斯特里赫特条约》规定，欧元区的国家必须满足四个约束：一是通胀率不得高于表现最好的三个国家通胀率均值的1.5%；二是名义长期利率不得高于三个表现最好国家的均值的2%；三是年度财政赤字占GDP的比例不超过3%；四是累积的公共债务占GDP的比例不超过60%。1997年制定的《稳定与增长公约》规定：成员国财政赤字占GDP的比例不得超过3%；公共债务占GDP的比例不得超过60%。

第七章　Libra 对传统货币理论和政策的挑战

超主权货币的困境

从表面看，欧元区发展困境是因为"一刀切"的外部财政纪律约束并没有考虑到各国经济发展水平和债务承担能力的差异，并且缺少强有力的执行和监督机构，从而使得部分成员国采取"搭便车"的行为，存在使用积极财政政策的冲动。但根本的原因是欧元区的特殊制度，即货币统一但财政不统一。这一特殊制度使得超主权货币未能经受住经济危机的考验，现代货币理论（Modern Money Theory，简写为 MMT）对此给出了理论分析。

现代货币理论是后凯恩斯主义经济学的发展，建立在凯恩斯主义、国家货币理论、内生货币理论等基础上，理论基础是主权货币理论，重点在于讨论财政政策与货币政策如何协调运作（Wray，1998、2015）。在主权货币理论中，货币体现了借贷关系，货币一定是某个主体的负债。当这一主体接受自己发行的负债，这个负债才能成为真正的货币。所以要成为真正被大家广泛接受的货币，就要让社会对某一个主体具有支付的义务或者负有债务，在当下只有国家具有这个功能，因为每个居民都有缴税义务。简而言之，居民缴税义务带来对国家发行货币的需求，从而使得国家发行货币具有了经济基础。因此，只有国家才有能力发行真正的货币。从这一角度看，现代货币理论认为财政和央行都是国家政府货币发行机制的一部分，从而政府应该成为功能性政府，起到调节经济的作用，和当下主流认为的平衡财政有明显区别。

现代货币理论认为，主权政府支出都表现为主权货币的发行，政府部门的赤字对应着非政府部门的盈余，因此主权政府赤字是常态。同时，主权国家能够保证和支持任何政府赤字，因此以主权货币计价的政府债务并不会发生债务危机，例如美国和日本。但是从欧元区来看，成员国政府没有货币主权，无法独立发行欧元，欧元对于成员国来说是非主权货币。因此，成员国政府债务相当于非主权货币债务，从而具有违约风险，不同成员国政府债券的违约风险体现在债券利率和流动性上。正是由于欧元区成员国政府无权发行欧元，欧元区部分成员国政府债务相对低但发生了违约，而美国和日本政府债务高却基本没有违约风险。从这一点可以看出，现代货币理论认为，超主权货币存在的前提是超主权政府的建立，即财政和货币要在超主权层面达到统一。

此外，除了现代货币理论认为的欧元区没有超主权政府的制度基础外，欧元区经济衰退的原因还体现在各国经济发展水平不同、经济周期不协调等问题，而欧央行独立性和成员国财政赤字约束这两个制度安排在危机时期无法解决上述问题。在欧元区成立之初，这两个制度安排是为了约束成员国政府过度支出和举债，从而维持欧元区经济稳定和币值稳定。但是当经济受到较大负面冲击时，如果成员国遵守财政赤字约束，那其经济将陷入更长时间的衰退；如果成员国突破财政约束，发行债券，由于欧央行被禁止为它们提供直接融资，它们只能从金融市场融资，债务水平越高，融资利率越高，从而带来债务融资恶性循环，进一步加大政府债务违约风险。因此，这两个制度安排增加了欧元区抵

第七章　Libra 对传统货币理论和政策的挑战

御和经受经济危机的脆弱性。

因此，在可预见的未来，超主权货币较难推行，根本原因在于虽然全球经济一体化在不断深入，但全球政治在不断多元化，更加难以形成超主权货币的制度基础。要保持超主权货币的币值稳定需要货币政策的统一和财政政策的配合，这就要求一个超主权政府来协调。而且，超主权货币还存在如何协调不同国家发展水平和经济周期的技术难题和制度难题。此外，美元在现有国际货币体系中的地位，使其对超主权货币改革始终持抵制态度。

从以上分析可以看出，Libra 更无法成为超主权货币。Libra 的用户将分布在全球各地，各国之间的经济政治差异一定比欧元区成员国之间更大、更不稳定。正因为如此，Libra 成为超主权货币的制度基础将更加薄弱。而且 Libra 协会是一个松散组织，更加难以协调解决上述超主权货币的技术难题和制度难题。因此，Libra 本身不会成为独立的货币存在，更不会成为超主权货币，最多只是一种跨境支付工具。

总而言之，Libra 难以成为真正意义上的货币，更不会成为超主权货币，而且会对当下货币主权和货币政策造成严重负面影响。我们应充分认识加密货币带来的冲击和机会，也应理性思考先进技术与经济制度的关系。在吸收新技术的同时，更应该对新技术如何影响货币发行、货币生成机制、货币调控机制、金融稳定和币值稳定等问题进行深入研究、充分论证，这样才能使新技术服务于货币政策的有效实行，更好地支持实体经济、防范金融风险。

参考文献

［1］陈雨露和边卫红：《货币同盟理论：最优货币区衡量标准的进展》，《国际金融研究》，2004 年第 2 期。

［2］Fleming, J. M., 1971, "On Exchange Rate Unification." Economic Journal, Vol. 18.

［3］Haberler, G., 1970, "The International Monetary System: Some Recent Developments and Discussions." in Approaches to Greater Flexibility of Exchange Rates, edited by G. Halm, Princeton University Press.

［4］Hayek, F. A., 1976, "Denationalisation of Money." The Institute of Economic Affairs.

［5］HKMA, 2011, "HKMA Background Brief No. 1, Hong Kong's Linked Exchange Rate System (second edition)." Hong Kong Monetary Authority.

［6］Ingram, J. C., 1969, "Comment: The Currency Area Problem." in Monetary Problems of the International Economy, edited by R. A. Mundell and A. K. Swoboda, University of Chicago Press.

［7］Kenen, P. B., 1969, "The Theory of Optimal Currency Area: An Eclectic View." in Monetary Problems of the International Economy, edited by R. A. Mundell and A. K. Swoboda, University of Chicago Press.

［8］Mateos y Lago, I., R. Duttagupta, and R. Goyal, 2009, "The Debate on the International Monetary System." IMF Staff Position Note.

［9］McKinnon, R. I., 1963, "Optimum Currency Areas." American Economic Review, Vol. 53, No. 4.

［10］Mundell, R. A., 1961, "A Theory of Optimum Currency Areas." American Economic Review, Vol. 51, No. 4.

［11］Mundell, R. A., 2012. "The Case for a World Currency." Journal of Policy Modeling, Vol. 34, No. 4.

［12］Rosensweig, J. A., 2009, "Single Reserve Currency: Analysis of the Benefits and Challenges with Implementing a Single Reserve Currency." Global Macroeconomic Perspectives.

［13］Triffin, R., 1961, "Gold and the Dollar Crisis." Yale University.

［14］Wray, L. R., 1998, "Understanding Modern Money: The Key to Full Employment and Price Stability." Northampton, Mass.: Edward Elgar.

［15］Wray, L. R., 2015, "Modern Money Theory – A Primer on Macroeconomics for Sovereign Monetary Systems (2nd edition)." Palgrave.

第八章

Libra很难成为超主权世界货币

王永利

深圳海王集团首席经济学家。前中国银行执行董事、董事会风险政策委员会委员及副行长,前乐视金融 CEO,中国国际期货副董事长。中国人民大学经济学硕士,厦门大学经济学博士。

本文仅反映作者观点,不代表所供职机构意见。

《Libra 白皮书》的发布，在全球范围引起巨大轰动效应，很多人，包括不少金融专家，对 Libra 可能成为超主权世界货币充满期待，不少国家中央银行和立法机构也对此高度关注，在中国也有不少人强烈呼吁中央银行要加快推出法定的央行数字货币，甚至要鼓励商业机构积极参与类似 Libra 的数字货币的发行，打造中国在数字货币领域的世界领先地位和主导能力。

　　那么，Libra 真能成为超越国家主权的世界货币吗？

《Libra 白皮书》的基本内容与超主权世界货币的提出

　　《Libra 白皮书》开宗明义地提出：Libra 的使命是建立一套简单的、无国界的货币和为数十亿人服务的金融基础设施。声明要用区块链技术朝着更低成本、更易进入、联系更紧密的全球金融系统迈进，打造一种全球性的"数字原生货币"，兑现"货币互联网"的承诺，面向全球提供服务，使全球范围内转移资金就像发送短信或分享照片一样轻松、划算甚至更安全。Libra 区块链及其储备资产（其增减变化决定 Libra 的增减变化）将由非营利性的 Libra 协会管理，协会注册在瑞士日内瓦。Libra 协会由理事会管理，理事会由各验证者节点各指派一名代表构成，目前，创始验证者节点成员单位有 28 家，到 2020 年上半年 Libra 针对性发布时，将扩充到 100 家，届时每个成员单位需要缴纳 1 000 万美元购买 Libra。Libra 将由脸书独立的子公司 Calibra 具体运作，配备相应的数字钱包，推出独立的 App。

《Libra 白皮书》一经发布，随即让很多人认为这一愿景已经实现或肯定能实现，认为基于脸书强大的互联网基因和财力，以及全球约 27 亿庞大的用户，再加上合作伙伴的资源，Libra 的应用范围将超过世界人口的 1/3，最容易成为超主权世界货币；Libra 协会"将成为数字经济社会的全球中央银行"，或者"有望成为集央行与商业银行功能于一体的超级银行"；"Libra 将超越比特币，定义货币历史新坐标，开启开放金融的新篇章，成为数字经济新航母"；"Libra 将对传统主权货币，特别是发展中国家的货币产生颠覆性影响"；将对从事跨境支付清算的银行、SWIFT、网络支付公司等产生巨大冲击；"脸书发行的不是币，而是世界变革的信号弹"；"作为美国公司推出的全球币，将增强美国加密货币的全球影响力，中国再不赶紧行动，将失去人民币国际化的历史机遇和在数字经济时代应有的影响力"等，其中不乏望文生义、脱离实际、惊世骇俗之词。对此，亟须仔细分析，准确甄别。

其中，尤其是对"超主权世界货币"的命题需要准确把握。

的确，跨境贸易和投资等经济往来的发展，必然涉及货币的跨境收付和清算问题，以及以什么货币作为计价和清算货币的选择问题。

毫无疑问，在世界范围，货币越是统一，其收付清算的效率就会越高，成本就会越低，越有利于促进经济金融全球化的发展。

第八章　Libra 很难成为超主权世界货币

现实生活中，货币决定权一般都掌握在更具影响力的一方，因为以其货币作为计价清算货币，可以节省其货币兑换的手续和费用。所以，在国际间的经贸往来中，计价清算的货币选择，最终取决于货币发行国家的综合国力，特别是其国际影响力——国际影响力最强大国家的主权货币，就会成为最主要的国际中心货币。在英国成为世界最强大国家时，英镑就成为最主要的国际中心货币；在美国取代英国成为国际影响力最强大国家后，美元也就取代英镑成为最主要的国际中心货币。

但以一国主权货币作为国际中心货币，在缺乏国际间有效的权力制衡和货币监管体系情况下，就会很容易使国际中心货币发行国为了本国利益最大化而损害全球公共利益，造成严重的世界不公和货币金融危机。

于是，从 1944 年布雷顿森林会议开始，就一直有人和组织在探索推出超越国家主权的世界货币。其中，主要表现为基于传统技术条件的尝试和基于互联网新技术的尝试两大类。

基于传统技术条件的尝试

1944 年布雷顿森林会议期间，英国财政大臣凯恩斯就提出过世界货币"Bancor"的概念，但并未得到认可和实施。

在 20 世纪 60 年代末出现美元危机时，国际货币基金组织（IMF）也试图在主权货币基础上，推出与主要国家货币挂钩的超主权世界货币 SDR，但由于难以得到在 IMF 拥有一票否决权的美国的支持，SDR 难以成为广泛商用的世界货币，而只是成为政府间的一种补充性质的官方储备资产（其实难言是货币）。

区域货币实践。第二次世界大战之后，随着美苏两大超级大国的形成，以及日本的快速崛起，欧洲老牌强国越来越认识到，单靠每一个国家自身的力量，都难以形成较强的国际影响力并较好地维护自身利益，必须在松散的欧洲联盟基础上，进一步强化货币乃至财政的合力。于是，德法意等国发起筹建区域统一货币——欧元，并力邀英国加入。但英国出于平衡美欧关系和自身利益考虑，迟迟不肯加入欧元组织。这样，在美元作为国际中心货币，日元影响力不断增强的情况下，在最强的德国和法国率先放弃本国货币，大力推动超主权的区域货币的情况下，欧元应运而生，并一跃成为仅次于美元的世界第二大国际货币，一度作为超主权货币被世人寄予很大的期望。

然而，欧元运行的实践证明，由于欧元成员国作为国家的独立性依然存在，不同国家财政货币政策的协调难度非常大，要维持欧元的高效运行面临诸多挑战，能否长期维持下去都存在很大疑问，并且在根本上难以挑战美元的地位，更难以从区域货币发展成为超主权的世界货币。

实际上，要探索超主权世界货币，首先要准确把握货币为什么会从自然实物货币彻底转化为国家信用货币，准确把握货币发展的逻辑和规律。

在货币长期发展历程中，人们越来越认识到，随着经济社会的发展，货币将越来越重要，功能越来越丰富，但货币最重要的

第八章　Libra 很难成为超主权世界货币

本质定位仍是价值尺度，最基本的功能仍是交换媒介和价值储藏。而要发挥货币作为价值尺度的作用，就必须使一国的货币总量尽可能与该国主权范围内、法律可以保护的社会财富总规模相对应，从而保持社会物价总指数和货币币值的基本稳定。由此，货币必须脱离社会财富，转化为社会财富的价值对应物、表征物，而金银等原来充当货币的贵金属则必须退出货币舞台，回归其社会财富的本源。

这就推动货币发生了极其深刻的裂变：从数千年具体的商品实物货币，彻底转变为抽象的国家信用货币，转化成纯粹的价值单位或价值尺度，成为一种数字表征物。

这里所谓信用货币的"信用"，不是发行货币的机构（如央行）自身的信用（货币不是央行的债务，央行根本没有向持币人兑付任何财物的承诺），也不是政府或财政部门自身的信用（货币不是以政府税收作为支撑的，政府收税接收货币，只是增强了货币的流通性和有效性），而是整个国家的信用，是以整个国家社会财富作为支撑的，只是国家将发行货币的权利赋予了货币当局。

在国家难以消除，不能形成世界大同的地球村，或者至少是形成世界两极或多级均衡制约，最强大的国家愿意放弃本国货币，而支持建立超主权世界货币并建立起相应的管理协调机制的情况下，仅从技术角度谋求建立超主权世界货币，基本就是脱离现实，是难以实现的。尽管这种以一国主权货币充当国际中心货币的体系确实存在很大的不公平性，但这是在现实世界中经过激烈竞争优胜劣汰产生的，有其现实合理性和生命力，要取代它并不容易。

基于互联网新技术的尝试

加密货币

在 2007 年美国爆发严重的次贷危机，并进一步引发"百年一遇"的全球性金融危机之际，更引发世人对现有货币体系的不满，有人抓住时机，在 2009 年年初推出了比照黄金的基本原理，完全基于数学加密规则，总量和阶段性产量预先设定，运用区块链技术，以去中心化方式产生（严防人为干预）的网络内生加密货币（链生币）——比特币，再次引发了人们对超主权世界货币的激情与期望。之后，又催生出以太币、莱特币等数以千计的加密货币，一度激发出很多人的无限想象。有人认为，比特币将实现哈耶克"货币非国家化"的设想，并成为高效率的超主权世界货币；比特币区块链将成为信任的机器（不认识的人相互之间就可以发生经济往来）、价值互联网；将再造社会组织和生产关系，催生全新的数字经济（通证经济）与平等公正的美好世界。有人甚至将其上升到哲学、神学的高度狂热吹捧、大肆炒作。

但比特币面世后 10 年来各种加密货币实际运行的结果却让越来越多的人认识到，比特币一类纯粹的网络内生加密货币，缺

第八章　Libra 很难成为超主权世界货币

乏有法律保护的资产或财富的直接支持,其价格完全受制于人们的偏好即供求关系,经常出现大起大落,难以发挥价值尺度的作用,而且其依托的区块链网络体系,完全是一个封闭的体系,竭力逃避金融监管(追求去中心、高匿名),难以解决现实世界的实际问题,由此支持的加密货币,可能成为一种投机炒作的对象(虚拟资产),但难以成为币值稳定的流通货币,不可能取代或颠覆法定货币体系。

也正因为如此,央行主导的法定数字货币,不可能是模仿比特币一类全新货币体系下去中心化的网络加密货币,而只能是法定货币体系下运用新的科技推进的货币数字化,旨在提高货币运行效率,降低货币运行成本,提高货币监控水平。在现有货币体系,包括现金,难以被完全替代的情况下,一国央行也很难同时维持两种不同的法定货币体系共同运行,央行数字货币最多只能是替代一部分现金。所以,对央行主导的数字货币同样需要谨慎对待、仔细论证。

与某种法定货币等值挂钩的稳定币

在认识到加密货币难以成为货币之后,市场又开始推出与某种法定货币 1∶1 等值挂钩,以区块链技术支持的网络专用"稳定币",如美国的泰达币、USDC、双子星美元以及摩根大通银行的摩根币等。其他国家也陆续推出与本国货币挂钩的稳定币。

这里所谓的"稳定",仅指与挂钩货币之间的价格稳定不变，而不是真正指其币值稳定不变，因为其币值会随着挂钩货币币值的变化而变化。

这种与法定货币等值挂钩的稳定币，实际上是典型的"代币"，与比特币等加密货币相比，几乎没有多少货币创新含量。

这种代币只能在其确定的网络社区或商圈内使用，成为"网络社区币（或商圈币）"，而不能流出设定范围自由流通。作为代币，稳定币不可能取代或颠覆法定货币，而只能作为法定货币一定层面的补充。

那么，推出稳定币的公司为什么不像现有的移动支付公司，如支付宝、微信支付、苹果支付、贝宝等直接使用法定货币，而一定要发出一种代币呢？

这里可能有以下几种考虑：

一是如果直接使用法币，则需要为用户开立法币的备付金存款账户。但面向公众吸收存款的存款性机构，在发达金融系统中都是需要专门牌照并要接受最为严格监管的，无照经营将被严厉处罚。

但使用代币，一方面具有等值法币储备物作为支撑（当然，这里存在法币储备物的管理和可能出现损益的问题），有发币主体的担保，容易为人们接受。另一方面，发币主体无须为用户开立法币存款账户，而是要求用户用法币购买（换取）代币，因此收取的法币归代币发行主体所有，只需为用户开立代币存款账户即可，由此似乎可以摆脱吸收法币存款的严格监管，使代币的收付更加灵活自由。

第八章　Libra 很难成为超主权世界货币

二是如果直接使用法币，其吸收的法币存款所有权属于存款人，很多国家金融监管都要求此类保证金存款需要全部托管给符合要求的金融机构，以防止被挪用。

但是，代币需要使用法币购买才能获得，由此收取的法币储备物归代币发行主体所有，这些法币储备物的运用收益也归代币发行主体所有。

三是各种代币都宣称使用了最新的区块链技术，可以实现点对点、零费用的资金汇划，"使汇款就像发短信一样容易"，这使得其代币与支付体系似乎更具吸引力，成为宣传和引流的重要噱头。

但无论如何，仅与单一法币挂钩的稳定币，实际上无法摆脱"代币"的标签，而且区块链技术的应用，也并非必须与网络加密货币绑定，在网络上，货币都是一定的符号，使用法币代号照样能够运行，因此，在"币"的创新方面，稳定币并无多少亮点可言，甚至无法与比特币等加密货币相比。

与一篮子法定货币挂钩的稳定币

于是，有些人进一步探索推出与一篮子（多种）法定货币挂钩的新型稳定币。

其中，Libra 就是这一类稳定币的领先者。

可以直观看到的是，与一篮子货币挂钩所形成的稳定币，不再是单一法币的代币，再加上其以区块链平台为支撑，更容易被看作一种超主权世界货币，在货币创造上产生巨大轰动效应。不与单一法币挂钩，似乎也更有利于规避法币发行国的金融监管，并为持有挂钩法币的人提供更多兑换稳定币的便捷。这似乎比与单一法币挂钩的做法有了更新换代性的重大变化。

但这种与一篮子货币挂钩的做法本身就带来更大的挑战：

一是一篮子货币的构成与管理难度很大。

选取哪些法币作为篮子货币的组成部分，以及如何赋予各个篮子货币合理的比重系数，本身就是非常复杂的事情，而且篮子货币发行国的国际影响力又不是一成不变的，需要适时进行必要的调整，其规则和程序目前《Libra白皮书》中并未明确，这本身就是一种隐患。如果此事完全由Libra协会理事会决策，而没有像国际货币基金组织那样有成员国的参与，恐怕难以得到世界各国的认可，难以在世界各国自由流通，而只能在Libra自己的网络社区（商圈）内使用，不可能取代或颠覆各国法定货币。

二是其吸引力存在不确定性。

这种稳定币的增减完全受制于其挂钩法币（即储备资产）的增减，取决于社会的需求，其发行人（Libra协会）没有调控余地，不存在独立的货币政策问题，也不需要占用自己的资产。因此，Libra协会只是一个发币及储备资产管理机构，不能通过贷款投放Libra，难以发挥中央银行的货币调控作用。如果人们不愿持有这种稳定币并全部进行挤兑，这种稳定币就会很快消失。

那么，这种稳定币对人们的吸引力到底在哪里呢？

第八章　Libra 很难成为超主权世界货币

《Libra 白皮书》指出："全球仍有 17 亿成年人未接触到金融系统，无法享受传统银行提供的金融服务"。Calibra 联合创始人最近表示，"有了 Libra，任何拥有廉价智能手机和网络连接的人都可以安全地保护自己的资产，接触到世界经济，以更低的成本进行交易，并随着时间的推移获得更多金融服务"。这让人们欢欣鼓舞，似乎 Libra 的推出，就能很好地吸引人们广泛参与并解决普惠金融难题。

但问题是，那些仍"未开立银行账户"的人，可能遍布世界各地，其获得的本国货币，如何能非常便捷地兑换成 Libra 的篮子货币并进而兑换成 Libra？谁负责兑换并管理这些流动性很差的货币（特别是由于其没有银行账户，这些钱可能都是现金），可能的成本和损益由谁承担？那些低收入人群，又需要哪些金融服务，兑换成 Libra 真能解决他们的实际问题吗？

《Libra 白皮书》中宣称，用这种稳定币进行跨境汇款，可以像发送短信一样轻松而便宜。但这种说法的前提是人们已经拥有稳定币。问题是，如果人们获得的收入是一国的法定货币，要通过稳定币体系进行跨境汇款，首先需要将法定货币兑换成篮子货币，然后再将篮子货币兑换成稳定币，才能通过稳定币系统汇出，那么用非篮子货币兑换篮子货币真是那么轻松而便宜吗？实际上可能兑换费用非常高，甚至有可能根本无法兑换成功。而且收到汇款的人，可能还需要再兑换成本国货币，还需要各种手续和费用！这样，整体看可能根本就不可能是轻松而便宜的，除非这种稳定币真正成为一种在全世界都能自由流通的货币，但这似乎遥不可及。

更重要的是，只与单一法币挂钩的稳定币，其兑入、兑出的币种都是固定的，不存在币种转换的汇率风险和流动性风险。但与一篮子法币挂钩的稳定币，持币人和发行人都将面临汇率风险和流动性风险。

对持币人而言，其用一种法币兑换出稳定币后，并不能保证还能等量地兑回原来的法币，随着储备资产总体价值的波动，以任何一种当地货币计价的 Libra 价值都可能随之发生波动，因此，就存在汇率风险。如果汇率损失很大，甚至可能引发流动性风险。所以，与一篮子法币挂钩的稳定币，其代表的币值的稳定性可能比只与单一法币挂钩的稳定币增强了，但与特定法币联系的稳定性却减弱了。

对发行人而言，其发币收取的可能是一种篮子货币，但持币人兑回时可能要求兑换成汇率最好或者是流动性最强的某种货币（如美元），这样，就可能使其储备资产发生货币错配，并引发严重的汇率风险和流动性风险，除非其规定持币人只能是按照原币兑回。这样就必须对持币人实行实名制，但这又与其承诺，"Libra 区块链遵循匿名原则，允许用户持有一个或多个与他们真实身份无关的地址"相悖。

另外，从资产收益角度看，持币人用法币购买稳定币后，法币就归稳定币发行人（Libra 协会）所有，而其持有的稳定币是没有利息的，"Libra 用户不会收到来自储备资产的回报"。这样，总体看，像 Libra 这样的稳定币对用户的吸引力到底有多大，实

第八章　Libra 很难成为超主权世界货币

际上存在很大疑问。

特别是作为稳定币，其总量不像比特币一样是事先设定的，随着需求的扩大，存在明显的升值预期，会被作为投机炒作的对象。稳定币总量是不固定的，其价格变化取决于其挂钩的一篮子货币的汇率指数变化，可投机的成分有限，赌博的空间不大，除非用户寄希望用这种稳定币从事非法的资金转移。

从发币人（Libra 协会）角度看，其发币收取的法币，可以存放在资质良好的银行或者购买流动性好的政府债券，保持充足的流动性，并可以获得一定的收益。但这部分收益还要用于稳定币体系运行的成本支出，如果考虑到可能面临的汇率风险和流动性风险，对 Libra 协会理事成员而言，其先期投入 1 000 万美元购买 Libra 是否能够获得理想的收益，实际上也存在很大不确定性。同时，Libra 协会的章程以及成员的权利义务、协会的决策程序等也还不够清晰，甚至可能存在很大争议，这对成员单位存在多大的吸引力，同样存在很大疑问。

由此可见，那种以为脸书社交平台约 27 亿的庞大用户，以及协会成员单位的用户，天然就是 Calibra 的用户，根本就没弄清楚社交用户与金融用户的差别，完全是一种想当然的极端乐观的看法。

三是面临很大的金融监管风险。

目前，Libra 的应用场景与具体用途并不清晰，而且 Libra 区块链遵循匿名原则，允许用户持有一个或多个与他们真实身份无关的地址（钱包），在这种情况下，如果没有严格的监管措施，允许人们无限额地用法币去兑换，有可能引发严重的洗钱、恐怖输送等非法行为。

从中国对第三方支付公司的监管看，支付公司开立的支付保证金账户，不能是一类账户，不能直接办理现金出入，而只能是绑定银行卡等一类账户的二类或三类账户，资金只能从银行账户转入和转账支付，且账户存款和每日支付金额都有严格限制，主要用于小额零散支付，所有备付金存款都必须全额托管到央行或合格的银行，支付公司不得挪用。这是中国率先推出第三方支付业务后，不断总结完善的成功经验，值得全世界在发展第三方支付公司业务时学习借鉴。

可见，Calibra 数字钱包同样会面临监管问题，如果在开户、余额、用途等方面不加以限制，可能出现重大问题。

即使不对 Calibra 加以限制，各国央行和金融监管部门也应当考虑设置每个人用本国货币购买 Libra 的限额。

必须指出的是，不是 Libra 将协会注册在瑞士，就只会接受瑞士一国的监管，实际上，一篮子货币的发行国都可能提出监管要求，就像 SWIFT 尽管注册在比利时，但其运行却要接受所运用货币发行国的监管，其中，美元是其最重要的运行货币，因此，也最主要受到美国的监管一样。同时，世界各国都有权力宣布本国货币不得兑换加密货币或稳定币，或者不允许加密货币和稳定币在本国使用。

实际上，Libra 的设想已经引起越来越多国家的立法机构以及中央银行、金融监管、国际金融组织的关注甚至质询，Libra

第八章　Libra 很难成为超主权世界货币

不可能脱离主权国家的监管而独立运行，即使在美国也同样如此。

我们必须看到，货币收付清算系统并不只是技术上能不能做到高效准确的问题，还受到金融监管和商业可持续的约束，难以成为洗钱、恐怖输送等非法行为的帮凶。大型互联网公司在技术上打造一个封闭式跨境区块链支付体系并不难，但要满足金融监管要求，真正解决现实世界各种投资贸易等价值转移问题，却是充满挑战，要付出的成本非常高，在目前区块链依然存在"去中心化、高效能、安全性"难以兼得的"不可能三角"难题并未解决之前，以区块链技术打造超主权货币，风险非常大，我们必须非常理智和冷静地看待问题，绝不可盲目跟风，更不能自欺欺人。

四是难以摆脱法定货币成为真正的超主权世界货币。

有人认为，货币一开始根本就不是政府主导的，只要人们信任和接受，任何物品都能成为货币；就像纸币一开始也是以金属货币做支撑的（金属本位制），但在得到广泛认可和流通之后，最终脱离金属本位，转变为纯粹的信用货币一样。类似 Libra 这样的稳定币，一开始可能需要已经被人们广泛接受的法定货币做支撑，但到一定程度，就完全可能脱离法定货币而独立运行，成为真正的超主权世界货币。

这听起来好像很有道理，实际上却是似是而非。

在实物货币阶段，货币确实不是政府主导的主权货币，但现在货币已经彻底转化为信用货币了，情况已经发生了根本性变化。信用货币不是建立在政府本身的信用上，不是政府债务或央行的负债，而是建立在国家信用（国家主权范围内法律可以保护的社会财富）基础上的，所以信用货币也必然要与国家主权和法律相联，并被称为主权货币或法定货币。

在这种情况下，要推动实施货币的非国家化、超国家主权化，就会使货币的投放难以得到法律确认的财富的对应，就难以保持货币币值的基本稳定，就难以成为真正的信用货币！

所以，不仅比特币一类的加密货币不符合信用货币的本质和逻辑，难以成为真正的货币，而且像Libra这样与法定货币挂钩的稳定币，一旦与法定货币脱钩，同样没有法定财富与其对应，也就同样难以成为真正的货币。

需要特别指出的是，很多人把Libra这样的与一篮子货币挂钩，又超越国界的稳定币看作超主权货币，却并没有注意到，无论是没有法定货币支撑的，像比特币一样的加密货币，还是有法定货币支撑（单一法币或多种法币）的稳定币，实际上都是在各自特定的网络平台或社区上运行的"社区币"，从"网络世界"的角度看，就好像不同"网络国家"的主权货币，这些"币"，无国界，但有链界，依然不是真正的超主权世界货币，除非各个网络平台或社区完全统一，融合成为唯一的平台。但这恐怕同样遥不可及。

综上，Libra尽管与一篮子法币挂钩在一定程度上淡化了其作为法定货币的代币性质，但根本上仍然只是法定货币的代币（社区币或商圈币），难以成为真正的超主权世界货币，而且这

第八章　Libra 很难成为超主权世界货币

种做法还大大扩大了其设计难度与运行挑战，其真正落地运行的可能性和实际效果并不一定比只与单一法币挂钩的稳定币，或者直接使用法定货币更好。在对 Libra 充满期待和憧憬的时候，我们还需要保持足够的冷静和理智，现在就认定"Libra 对现有金融系统、货币体系甚至未来储备体系都是很大冲击"恐怕为时尚早。

要对货币进行改造和创新，首先需要准确把握货币发展演变的逻辑与规律，弄清楚什么是信用货币、信用货币从何而来、到底建立在谁（什么样）的信用基础之上、为什么货币会从实物货币彻底转化成为信用货币等关键问题。违背货币发展的逻辑与规律，盲目推动货币创新是非常危险的。

第九章

Libra的全球影响

谷燕西

CBX 研究院创始人、院长。区块链和加密数字资产行业的从业者和研究者。拥有著名金融公司、企业软件公司和互联网金融公司的丰富专业和管理工作经验。拥有美国得克萨斯大学（奥斯汀）MBA、圣母大学硕士学位、中国科技大学硕士和山东大学学士学位。

Libra 是区块链技术和加密数字资产技术应用与发展的一个里程碑性质的事件。它沿袭了比特币和以太坊在技术、应用和治理机制方面的发展，但这些方面的发展同目前全球金融体系产生了直接的冲突。目前的全球金融体系是以中心化的计算方式为基础，由各国政府和央行主导的、分离的货币和金融系统。而 Libra 现在却试图提供一个以分布式计算为基础，基于单一货币，由私人机构主导的在全球范围内运行的金融基础设施。这就与目前的金融系统产生了直接冲突。这也是在 Libra 出现之后，它立刻遭到全球主要金融监管机构反对的原因。但与此同时，全球金融监管机构也更加明白清楚地了解了区块链技术和加密数字资产技术对当前金融系统产生的突破性的影响。这迫使全球金融监管机构立即考虑应对策略，在更具优势的技术基础之上，推出一个更加适用于全球经济发展的金融系统。

Libra 对全球货币市场的影响

对法币流通量的影响

　　Libra 会基于一些抵押的法币和短期国债来发行。这些抵押品会托管在一些有托管资质的托管机构当中。用户可以抵押这些法币和短期国债来铸造更多的 Libra。这样的一个铸币流程会把市场中流通的一些法币从市场上回收，以抵押的方式托管在一些托管银行。而取代这些市场中流通的法币会是 Libra。如果越来越多的 Libra 被以这种方式铸造出来，那么肯定会减少一些法币在市场中的流通量，这也就会自然降低这些法币在经济活动中的影响力。

对一种法币来说，它是否能被 Libra 项目确定为所挂钩的一篮子法币中的一种以及在其中的权重如何，这都会影响这个法币在市场中的地位。如果一种法币没有被纳入这一篮子当中，而且如果 Libra 在市场中得到全面推广，那么这个法币在市场中的影响力就一定会下降。

全球范围内的货币产品集中度将提高

现在的货币都是主权政府基于其信用发行的法币。因此每出现一个新的主权国家，就会出现一种新的货币。目前全球有 100 多个国家，因此就有 100 多种货币。由于每种货币都受到其主权政府的货币政策和财政政策的影响，因此货币价值不可避免地会大幅浮动。而货币价值的浮动又会直接影响其所在地的经济活动。经济活动的动荡会直接影响当地社会的稳定。另外，由于目前经济国际化的趋势日益增强，一个地区的经济活动的动荡不可避免地会波及其他地区。因此全球范围内的 100 多种货币并不利

第九章　Libra 的全球影响

于全球经济的均衡稳定发展。

鉴于 Libra 协会的成员在全球范围内的经营市场和用户规模，Libra 一定会应用于全球多个市场，因此不可避免地同当地的货币产生竞争。随着 Libra 的推广使用，影响力弱的货币因此就会逐渐被挤出市场。全球范围内货币产品这个行业的市场集中度就会大幅提高，少数几种主要货币就会占据市场的绝大部分市场份额。货币产品市场集中度的提高，同样会有益于抑制未来新的货币的出现，一个新兴国家发行自己法币的动力就会变小，货币数量的减少就会使全球经济活动中的不确定因素减少，全球范围内的经济即能得到更加均衡的发展。

需要指出的是，目前在全球范围内，由于经济活动的全球性，所以各种法币实际上早已经存在竞争。目前在全球贸易结算中，绝大部分以美元作为基础结算货币。美元在全球货币市场中占据着无可争议的主导地位。但是货币的流通依然在很大程度上受到法律辖区和国家边界的限制。一个法币在另外一个法币的运行市场中很难流通使用。导致这种状况的一个主要原因是，支持货币流通的底层清算系统是分别独立的，并没有实现很好的互通。所以目前全球市场范围内依然存在着多种法币。但是支持 Libra 流通的底层网络是在全球范围内运行的，Libra 的使用不受现有清算系统的限制。只要有互联网的地方，用户就可以在 Libra 网络上使用 Libra 进行交易。因此，Libra 及其底层支持网络的引入会大幅降低市场对各种影响力小的法币的需求，大幅加速货币市场的市场集中度。

读懂 Libra

Libra 会首先在弱势法币地区得到应用

如同任何一个新产品进入市场的顺序一样，Libra 也会在现有法币服务最薄弱的地方切入。Libra 一定不会首先在美国这样的经济地区实现突破，而是会在委内瑞拉这样的地区率先得到市场的欢迎和推广使用。所以我们一定会看到 Libra 会率先在这样的法币影响力较弱的地方开始使用。

在全球范围建立一个金融系统之外的金融基础设施

Libra 项目的一个基本组成部分就是其底层清算网络，也就是《Libra 白皮书》中所称的简单的金融基础设施。这个清算网络的重要意义通常不为人清楚，但是它的意义要远远大于 Libra。这就如同区块链技术与比特币同时诞生，但是区块链的价值要远远大于比特币本身。Libra 是在 Libra 网络之上运行的第一个金融产品。此后 Libra 网络可以支持更多的金融产品在其上运行。这个底层网络的价值因此要远远大于 Libra。

首先，用户持有的 Libra 可以直接存储在这个清算网络的用户自己的钱包中。用户资产的安全由这个网络的技术来保证。用户的货币一旦转化为 Libra，这些货币就不再存在他的银行账户体系中，因此商业银行用户的存款就会减少。

其次，由于区块链支持数字资产在账户之间的交易，因此银行提供的支付服务也不再被需要。在目前的银行业，当用户之间

第九章　Libra 的全球影响

进行支付时，可以选择现金支付或者是银行借记卡支付。现金支付的方式通常被称为钱款两清的支付方式，也就是说结算当场完成。当用银行借记卡进行支付时，支付的流程需要通过交易双方的银行以及银行体系之间的一个清算公司来完成，所以支付的流程要通过三家中介机构。当用户采用信用卡支付时，支付流程需要通过信用卡发卡行、信用卡清算公司和收款方银行来共同完成，支付过程同样需要经过三个金融中介机构。在 Libra 网络上，由于该网络采用分布式记账技术，所以它支持点对点之间的直接支付。网络上的共识机制保证交易被正确无误地记录下来。因此就不需要金融中介机构来支持完成这个支付流程。最为重要的是，这样的一个清算网络是独立于目前金融行业的清算网络，不需要商业银行和清算公司来完成这个支付流程。商业银行的价值因此大幅降低。

由于 Libra 网络的全球性，它可以在全球范围内向用户提供基于其金融基础设施和稳定币的各种金融服务。这就意味着 Libra 会在全球范围内推进金融脱媒的进程。这也就是说，在全球范围，市场对商业银行的金融服务需求就会越来越少。

Libra 的底层清算网络的另外一个潜在应用是，支持证券交易的清算和结算。这样的应用会使目前的区域性的证券交易和清算/结算市场逐渐转向全球性的数字证券交易清算/结算。在全球任何一个地方的用户都能交易全球任何一种数字资产。

当前的证券市场都是区域性的。在一个监管辖区内，通常有数个证券交易所，但是这些交易所都用一个清算机构进行交易清算，如中国的中证登、美国的存托及结算机构（DTCC）。这些机构提供的证券清算/结算服务是证券市场运行的基础。由于全球的证券市场是独立的交易环境，所以一只证券并不能在全球范围高效地流通交易。但是数字资产的出现以及它在全球范围的交易却让人们看到了在全球交易数字证券的可能。

在过去几年中出现的加密货币交易所，其用户是全球范围的，不受一个法律辖区的限制。这些加密货币交易所的迅猛发展，让全世界看到了数字证券在全球交易的可能以及因此能够产生的收益。区块链技术的出现使得未来的数字资产交易所的模式一定是集中式撮合和分布式清算的模式。而 Libra 网络就有可能为这样的面向全球用户的交易所提供清算/结算支持。这也就意味着 Libra 的用户可以在一个交易所中直接购买和交易全球数字资产。由于这个交易所是 7×24 小时运行的，所以用户就可以随时随地在自己的数字稳定币和数字资产之间进行交换。用户就可以只用一个客户端进行自己的零售支付和证券交易服务业务。目前的零售支付和证券交易的边界因此不再存在。

在全球范围向更多用户提供金融服务

《Libra 白皮书》提出，Libra 的目标是服务全球范围目前没有得到金融服务的 17 亿的用户群体。这个目标绝不仅仅是宣传，而是一个可行的商业目标。

第九章　Libra 的全球影响

受现有技术和商业手段的限制，目前全球依然有大量得不到金融服务的用户群体。尽管有各政府和民间组织的不断努力，如政府为此制定的激励政策以及像穆罕默德·尤努斯的孟加拉乡村银行这样的民间组织，但是这样的努力并没有实质性的改进。迄今为止，向这个用户群体提供的金融服务范围依然有限，并没有一个系统可持续的方式来服务这一群体。

通信技术和互联网技术的发展，对解决这一问题带来了很大的改进，中国的支付宝和微信支付以及肯尼亚的移动支付产品 M-Pesa，都对服务这一用户群体产生了很大的改进，但全球没有得到金融服务的用户群体依然数量巨大。导致这一问题的一个主要原因是现有的金融基础设施服务，相对于这样的用户群体的实际支付能力依然成本过高，在这样的基础设施之上的金融服务因此无法触达这样的用户群体。

Libra 项目的金融基础设施是基于区块链技术的。账户与账户之间的加密货币交流可以在网络中直接完成，而且是在全球实时完成。而传统金融市场，账户之间的货币交易需要通过银行的清算网络来完成。对于不同法币之间的交易，还需要两个法币的清算系统之间对接完成。因此支持货币支付的清算成本较高。Libra 及其底层清算网络因此比现有金融基础服务更加高效和成本低廉。另外，由于这个网络是在互联网上运行，因此任何能够使用互联网的用户就能够使用 Libra。

根据《Libra 白皮书》所称，全球有 17 亿没有得到金融服务的用户。脸书社交网络中有 27 亿遍布全球各地的注册用户。另外，再考虑到 Libra 协会成员在全球使用其互联网应用的用户规模，所以 Libra 协会成员在全球的用户就会同这 17 亿用户有相当的重合。因此协会就有可能向这些重合用户提供基于 Libra 的各种金融服务。

Libra 及其底层清算网络不仅能触及全球范围目前享受不到金融服务的用户群体，而且能够以崭新的商业模式来向这个群体提供金融服务。

目前限制金融机构向更多的人提供金融服务的因素，包括经营习惯和底层数据记录模式。在经营习惯方面，每家金融机构都单独面对其客户。当一位客户来申请金融服务时，该金融机构会要求客户提供各种相关的信息并进行相关的尽调工作，以便对其信用进行评估。金融机构的技术系统会记录下用户的相关信息以及此后向其提供金融服务的各种数据。而这些信息是不与其他金融机构共享的。当同一位客户到另外一家金融机构申请金融服务时，他需要进行同样的流程。由于这些信息不共享，因此就大幅增加了交易成本。具有良好信用的客户需要在不同的金融机构重复同样的流程。另外，信息的不共享也为信贷欺诈提供了机会。在一家金融机构信用不好的客户，很有可能在另外一家金融机构就能够申请到贷款。在金融较为发达的市场，用户的信用信息通过征信公司得到了一定程度的共享。但这种共享依然需要通过征信公司完成，这就增加了金融交易双方的成本。

在 Libra 网络中开展的金融业务，各种信息都被正确无误地记录在链上，而且用户可以直接拥有并分享自己的信用数据，而

第九章　Libra 的全球影响

不需要通过第三方征信公司。区块链技术保证这些信息的真实性，这就使得这个网络中的任何一个用户都可以向在该网络上经营的金融机构申请金融服务。而这些金融机构可以是在全球范围内经营的，不像传统金融服务局限于用户的所在地区。金融业务的双方就有了更多的选择。这就会大幅提高获得更好的金融服务的概率，信用好的用户就能获得更加优惠的金融服务，其他信用水平的用户也能获得与其相应的金融服务。一个正向的金融生态因此就能在全球范围建立起来。

迫使各国央行制定相应的数字货币应对策略

技术创新对经济活动的促进通常是先以技术创新开始，然后是商业组织应用这些新技术来创造利润，最后是政府机构为规范市场的发展制定相关的监管制度。互联网技术的应用推广是这样的一个过程，区块链技术的应用推广会同样如此。由于区块链技术会从根本上改变现有商业和社会活动的基础设施，因此监管的参与会比以往的任何技术创新都要更加深入和广泛。另外，由于区块链技术应用的全球性，这就迫使全球监管合作来制定有效的监管措施。实际上，在市场中以数字形式来代表货币和资产的进程已经开始，Libra 只是将此进程推上了一个新台阶。但是 Libra 的出现却迫使各国央行不得不重视区块链技术对货币和金融市场的影响，并采取行动将此技术逐步地应用，建立起新的货币和金融市场。

读懂 Libra

中央银行的囚徒窘境

如果说比特币是数字资产世界的大爆炸起源，那么 Libra 项目对全球的金融监管机构来说，可以说是打开了一个潘多拉的魔盒。全球金融监管将不得不面对这个项目对全球金融市场带来的冲击性的改变。

在 Libra 项目出现之前，所有加密数字资产的规模在全球范围内也就是几千亿美元的市场。这样的体量相对于实体资产中的货币和资产规模来说微不足道。更为关键的是，这些数字资产基本上是在数字技术范围内和爱好者人群中流通，并没有同实际经济生活中的货币与资产挂钩。因此它在金融方面产生的风险被控制在一个非常小的细分领域，没有对真正的金融和经济市场产生影响。因此一些央行对此采取的态度是对其进行研究并关注私营部门对其的应用，并没有显著的压力来采取相应的措施。但是 Libra 的出现却从根本上改变了这个现状。

鉴于 Libra 项目的性质以及 Libra 协会的市场推广力量，Libra 迫使各国的中央银行认真考虑自己的货币数字化政策，并且合作采取措施来应对 Libra 带来的各种挑战。如果一个中央银行继续保持现有的货币和金融系统，但是其他中央银行分别甚至共同合作采取了相应的应对措施，那么这个中央银行就一定会在这个货币和资产数字化的过程中落后，成为全球金融行业的孤岛。为了避免这种情况的出现，每个中央银行都会认真对待这种挑战，分别以及同其他中央银行合作制定出相应的应对策略。

第九章　Libra 的全球影响

中央银行并不愿意改变现状

认为中央银行不愿意改变现状的观点似乎对中央银行不太公平，但是中央银行的职责是维持金融市场的稳定，而金融市场的稳定又是社会稳定的一个重要基础。所以不仅是中央银行，包括各个主权国家政府也不希望金融市场有过大的变化，变化带来的风险有可能导致经济和社会的不稳定。

当区块链和加密数字资产出现之后，鉴于它对现有的货币和金融市场的巨大冲击潜力，一些央行也对该技术非常重视并且在内部测试发行数字主权货币的可行性。但是，由于新的货币形式和支持其流通的底层区块链技术对现有的金融市场的冲击过大，它能引起的各种风险未必事先都能预测到，因此各中央银行对此持非常慎重甚至可以说是非常保守的态度。

货币数字化不仅仅是一个货币载体的改变。与比特币同时诞生的还有支持其在账户和账户之间直接流通交易的区块链技术。如果各央行发行数字货币并同时采用区块链技术作为支持新型数字货币流通的基础设施的话，那么就会对现有的金融市场带来根本性的改变。因为现有金融市场是以中心化的计算模式为基础的。各个机构记录自己的数据，当机构之间发生交易时，会通过一个中央记账系统，也就是清算公司来保证交易双方的记录一致和无误。如果基于区块链技术，当一个交易发生时，双方就在彼此之间直接记账，由区块链技术来保证这笔记账的准确无误，不需要一个中心化的清算系统来记录交易。由于现有金融市场都是以中心化的记账方式运作，在这个市场结构之上的业务流程和监管制度也都是以此为基础制定的，如果央行采用区块链技术支持其数字货币的流通，那么这样的市场结构就会发生根本性的改变。①②在其之上的各种组织、流程和法律制度也都需要进行相应的改变，这对任何一个主权国家来说都是风险巨大的变化。所以迄今为止，一些中央银行在推行数字货币方面并没有实际上的进展。

但是，Libra 项目的出现却迫使所有中央银行必须考虑相应的货币数字化政策。由于 Libra 协会现有成员以及未来成员在全球的影响力，③ Libra 及其清算网络在全球范围内的推广是大概率事件，全球范围内的货币数字化进程定会加速。这就迫使各中央银行必须考虑采用适当的应对策略。

各国中央银行的应对策略

面对 Libra 的问世，全球 100 多个拥有自己法币的国家和区域就需要对此提出应对策略。这些应对策略无外乎三种：完全开放接受、完全拒绝或是在有限的业务领域中允许其使用。对于那些金融和经济发达的地区，即使完全向 Libra 开放，Libra 也未必

---

① 清算公司，区块链时代的第一个牺牲品，http：//www.cbxresearch.io/firstvictim/。
② 商业银行，区块链时代的牺牲品，http：//www.cbxresearch.io/bankvictim/。
③ Libra 一定会邀请微信支付和支付宝加入协会，http：//www.cbxresearch.io/librawechatpayalipay/。

第九章　Libra 的全球影响

就有很大的成功概率。因为在这样的市场中，当地的法币以及支持它运作的各种设施（如清算网络和用户端）已经在当地市场成熟运营，相关的系统互相依赖，用户的使用习惯已经养成，所以 Libra 这样的一种新型的数字货币和底层清算网络很难改变现有的市场状况。但是对那些金融基础设施服务不够，但又向 Libra 开放的区域，Libra 就有很大的成功概率。我认为，Libra 的主要策略也是专注于这些金融服务不发达的地区，而不是那些现有的金融基础设施服务非常高效的地区。在这个方面，Libra 在市场中的引入同任何新产品进入市场的策略是一样的，就是专注于市场中现有产品与服务不到位的地方。这才是新产品的机会。如果 Libra 选择美国作为其切入点，那这个项目很难成功。

在选择对 Libra 有限开放的区域，一个很有可能的细分领域是跨境转账服务。这个领域涉及不同法币之间的交换，对同一个经济体内的经济活动影响较小，因此容易为当地政府和金融机构所接受。而且这个领域也是区块链技术应用最成熟的领域，市场中已有案例包括，IBM 推出的 World Wire 的合规金融机构联盟，专注于零售客户之间的转账汇款；公用事业结算代币（Utility Settlement Coin，简写为 USC）和摩根币会率先专注于机构之间的转账汇款。Libra 在此方面的应用只不过是这种应用趋势中的又一个实施案例。

各国央行针对 Libra 需要做的另外一个决策是，是否开发自己的数字货币。这样的决策显然涉及范围非常广，从产品设计到市场推广都需要考虑得非常全面，至少需要考虑以下几个问题：

- 是否开发自己的数字主权货币？
- 支持这个主权货币的底层清算系统是否是自己的技术标准，或者是同其他央行合作的技术标准？
- 数字主权货币的发行是否完全由中央银行发行？
- 数字主权货币如何同现有的实物和电子记账方式的法币在市场中共存？
- 如何同 Libra 以及此后更多的非主权货币在市场中共存？

各国中央银行需要合作制定的策略

鉴于 Libra 及其底层支持网络的全球性，Libra 在全球范围内的推广会影响到各个央行。由于各央行有共同的利益，所以就有非常大的动机来合作共同应对 Libra 以及未来出现的其他非主权货币的挑战。对任何一个中央银行个体来说，如果它选择不与其他央行合作，而是自己单独采用应对措施，这将会是一个非常大的挑战。

由于区块链技术和加密数字资产带来的技术与合作模式方面的改变，中央银行之间的合作很有可能也延续从比特币开始到 Libra 的模式，该合作很可能会是在以下三个方面：

合作成立一个类似 Libra 协会的长设组织

这个组织会制定并执行政策，以应对 Libra 以及此后出现的各种稳定币。

第九章 Libra 的全球影响

区块链技术的出现使得会员性质的商业组织有了新的活力。在区块链技术之前，这样的会员组织是基于会员共同同意的规则以及所在地的法律制度。因此这样的组织通常被限制在一个小的地理范围或是一个法律辖区中的某一个行业，很难在全球范围扩展。但是区块链技术采用技术的方式保证商业规则的落地和执行，不依赖于任何监管辖区的法律制度，因此按这种方式建立起来的会员性质的公司就在全球范围具有很强的可扩展性。市场已经对这种组织机制的优越性达成共识，所以目前一些应用区块链技术和加密数字资产的公司都是采用这种组织方式，如 Coinbase 交易所和世可公司共同支持的"CENTRE 联盟"、瑞银发起支持的 Fnality 以及推动 Libra 的 Libra 协会。同样，我认为一些央行也会采用相同的策略来形成这样一个联盟，协调彼此的货币数字化的政策。

会共同支持一个金融基础设施

自比特币开始的区块链和加密数字资产技术从一开始就是国际性的。全球任何角落的用户都可以在链上开设账户并持有数字资产，而且可以在这条链上同其他用户进行账户与账户之间直接的数字资产交易。比特币如此，以太坊也是如此。目前行业中默认的制作稳定币的技术标准是以太坊的 ERC20 标准。由于采用统一的技术标准，各种不同的稳定币都可以基于以太坊在全球范围流通，在账户之间进行直接的交换。当各个中央银行考虑发行数字货币时，同样需要考虑制作数字货币的技术标准以及支持这个数字货币流通的底层清算网络。鉴于全球经济日益紧密相关，所以各个中央银行就会有很大的需求来采用同样的技术标准以及共同支持流通数字货币的底层清算网络。这个链会支持以信用为基础发行的数字法币，并同时支持商业银行这个组织形式。这样的一个以区块链技术为基础的金融基础设施会类似以太坊，各个中央银行在这个金融基础设施之上开展各自的金融业务。我认为，多个中央银行协调合作是一个大概率事件，一个中央银行坚持用自己独有的稳定币制作标准和稳定币流通网络应该是个小概率事件。

会在这个基础设施之上发行各自的数字法币

各个主权政府的主要职责依然是保证本国经济的发展，而且其财政政策和货币政策无法摆脱当地政治因素的影响，因此各国政府不可能共同支持一个基于信用的全球范围的数字法币。各个中央银行很有可能在一个支持全球范围流通的区块链清算底层链的基础上发行各自的数字法币，类似于在以太坊上基于 ERC20 标准发行的各种数字稳定币。

第十章

如何监管数字
货币与Libra

杨燕青

现任《第一财经日报》副总编辑、第一财经研究院院长、国家金融与发展实验室特邀高级研究员、第十三届上海市政协委员。拥有丰富的学术和新闻经验，长期跟踪研究中国宏观金融改革与政策、全球经济金融市场和全球治理等领域，早年在《经济研究》等学术杂志发表论文多篇，近年来出版、主编和主持了《中国金融风险与稳定报告》《中国和全球制造业竞争力（ULC）研究》《中国金融周期研究》等项目，并在数字货币监管、人工智能的经济社会治理、数字贸易等前沿领域有积极研究。复旦大学经济学本科、硕士、博士，约翰 – 霍普金斯大学访问学者。

林纯洁

现任第一财经研究院副院长，拥有宏观经济研究、资本市场研究以及企业服务方面的丰富经验。在加入第一财经研究院之前，林纯洁是中国人保资产管理公司（PICCAMC）的高级研究员，并在 2007 年至 2010 年担任《第一财经日报》主笔（首席记者）。拥有曼彻斯特大学理学硕士学位（2003）和东北财经大学学士学位（2000）。

马绍之

现为第一财经研究院研究员，主要研究方向为宏观经济与资本市场，在定量研究方面具有丰富经验。毕业于美国佛罗里达州立大学，具有统计学、应用数学双硕士学位。

2009年1月，全球第一个加密货币——比特币诞生，11年间加密货币已经在跨境小额贸易中占据重要地位。2019年6月18日脸书公布的《Libra白皮书》作为全球性科技巨头投身加密货币实践的高调起步，在全球范围内引起高度关注和激烈辩论。若Libra在1～2年内成功推出，将成为加密货币发展史上的标志性事件。若Libra未能如愿顺利成功推出，以Libra为蓝本的全球性加密货币/稳定币也很可能在不远的未来出现，并推动CBDC/CBCC（央行数字/加密货币）加快问世和普及使用。无论哪种情形，构建对加密货币乃至数字货币，尤其是全球性加密货币/数字货币的监管框架已成为当务之急。

目前看来，未来决定加密货币发展方向最核心的因素是监管。从全球看，尽管各国对加密货币的监管立场不完全一致，但监管部门对于加密货币态度的整体趋势是从漠视（ignorance）和偏负面转向认可和纳入主流监管框架。

对于Libra这样的全球性加密货币/稳定币，2019年7月G7财政部部长与央行行长会议总结报告（Chair's summary）中关于Libra的部分，可以被看作当前西方主要国家金融监管部门对于该项目的态度。总结报告指出，类Libra的"稳定币"正引发监管部门越来越大的担忧，在相关监管问题被解决之前将不会被允许发行。监管者认为类Libra的项目将影响各国货币自主权并对国际货币体系造成影响，"稳定币"及其运营者必须接受最高规格的监管，从而确保不会对金融系统稳定或消费者保护造成影响。但同时，监管者承认类似项目将显著改善全球跨境支付体系，降低使用者的成本。

本章将从两个维度来分析和构建 Libra 的监管框架。第一，从加密货币/数字货币的定义和分类出发，系统梳理主要国家的监管实践，研判和分析监管框架和环节中存在的"监管逆差"（regulation deficit）；第二，从科技巨头进军金融业出发，从数据隐私和市场准入角度提出分析框架，从而构建对未来加密货币/数字货币，尤其是 Libra 的监管框架，以期为全球和中国的未来监管提供参考。

货币分类与定义 Libra

货币分类："货币之花"和"货币之树"

在讨论加密货币和数字货币时，人们使用的术语往往存在差异。我们将在目前出现的文献基础之上，做出修正调整，给出广义数字货币和狭义数字货币（加密货币）的定义和分类。

国际清算银行较早提出在加密货币诞生背景下，基于近年来出现的货币类型构建分析框架，从广泛使用（零售型）、数字化、央行作为发行方，以及基于通证几个角度切入，用"货币之花"的分析范式对货币进行描述，并将基于通证发行的央行零售货币和央行批发货币，以及基于账户发行的零售货币统称为央行

第十章　如何监管数字货币与 Libra

数字货币（CBDC）。而此前出现的比特币被界定为基于通证发行的私营货币。详见图 10.1。

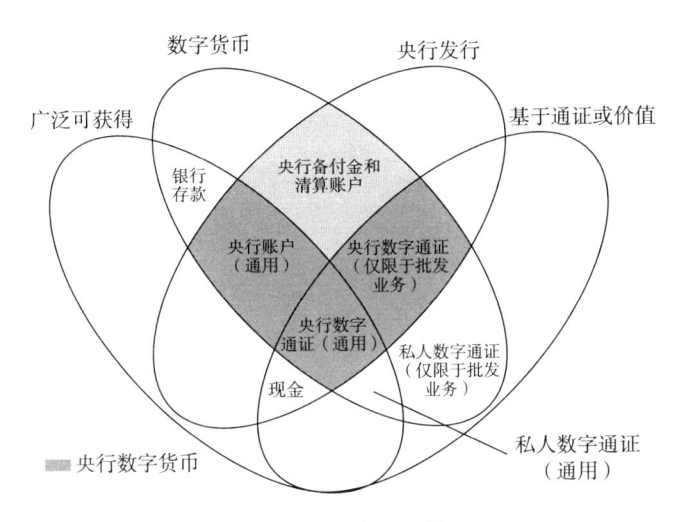

图 10.1　货币之花

注：本文氏图（Venn diagram）说明了货币的四个关键特征：发行方（央行或非央行）；形式（数字或实物）；可获得性（广泛或有限）以及技术（基于账户或基于通证）。私人数字通证（通用）包括加密货币，如比特币。

资料来源：国际清算银行，2017。

国际货币基金组织则依据类型、价值、担保和技术四个属性，将市场上存在的货币进行重新划分。详见图 10.2。

定义支付的第一个属性是类型，分为索偿（claim）和对象（object）。索偿即基于账户发行货币，并转让现有金融工具价值。以借记卡为例，在使用借记卡消费时，刷卡这个指令会将某一个人的银行资产转移给另一个人，基于索偿的支付简化了交易，但需要复杂的基础设施做支撑。对象则对应点对点，基于通证发行货币，只要交易双方认可金融工具，就可以直接完成交易。两者

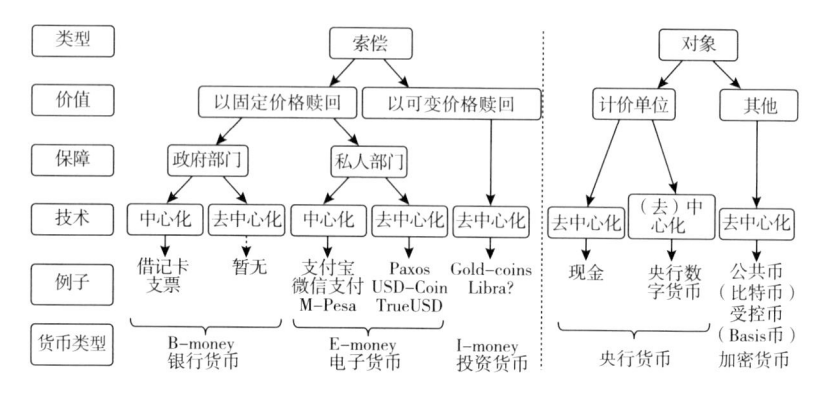

图 10.2 货币之树

资料来源：国际货币基金组织，2019。

的区别在于在交易过程中是否会涉及账户信息的交换。

价值是支付的第二个属性，分为以固定价格赎回、以可变价格赎回、计价单位和其他。以固定价格赎回是指，以预先设定好的价格进行索偿，比如10元人民币面值的票据可以兑换成10元人民币。以可变价格赎回是指能够以可变的价格兑换成货币。对象分类所面临的问题是，这种支付手段的面额是国内的法定计价单位还是私营部门自己的计价单位——通证。

支付的第三个属性是担保。担保可以分为政府部门担保、私营部门担保和私营部门+储备金担保。不同的担保类型会影响用户对不同货币的信任度，以及监管机构的反应。

最后一个是技术，支付结算是中心化的还是去中心化（分布式）的。中心化处理是用中央服务器进行统一的结算处理。去中心化结算，也可以被称为分布式结算，是通过分布式账本技术（DLT）或者区块链技术，在多个账本之间进行的结算处理，这种

第十章 如何监管数字货币与Libra

处理方式可以在少数可信任的（许可式，permissioned）网络中进行，也可以在公共的（非许可式，permissionless）网络中进行。

我们对国际货币基金组织的货币之树进行了调整，如图10.3所示。

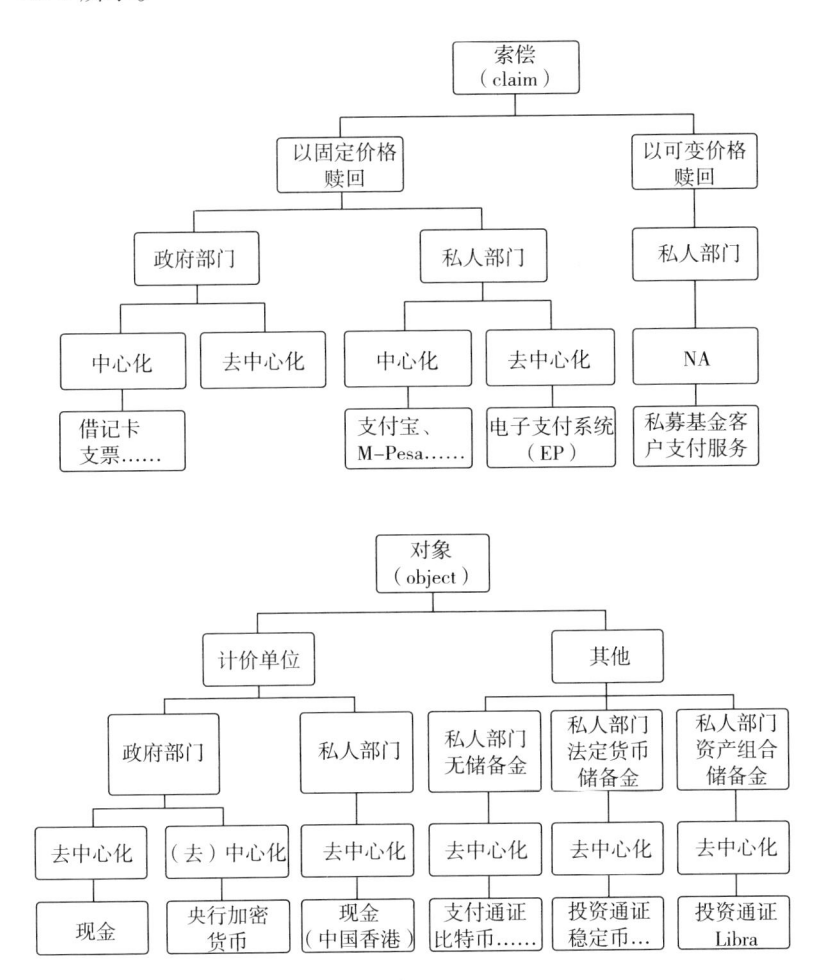

图 10.3 基于索偿/对象的数字货币

资料来源：第一财经研究院。

在以索偿为基础的支付方式中，全球使用最广泛的是 B 货币，即借记卡、支票等支付方式，这类支付方式大多是将资金从一个银行账户转移到另一个银行账户，可以跨行，也可以跨国。这种支付方式本质是用户在将资金存入银行后会获得这部分资金的索偿权，并可以在进行支付时，以固定价格赎回，进而完成交易。资金的转移通常是利用中心化技术来实现的。该支付方式与其他基于索偿的支付方式最大的区别在于，其赎回时可以得到政府的担保。银行因此会受到政府严格的政策监管，在有效的监管下，政府不允许银行承担过多的风险，必须保证充足的流动性。如果银行遇到了系统性风险，那么央行也可以通过隔夜贷款等手段保证其流动性。

支付宝、微信支付等支付手段（E 货币）作为支付领域的新参与者，在其备付金没有 100% 存入央行之前，与借记卡等支付方式的区别在于，它们赎回过程的担保不是由政府提供的，而是通过审慎的管理和对可赎回资产的法律保护来提供的。其交易是通过中心化服务器完成的。

在以对象为基础的支付方式中，现金是人们最熟悉的支付方式。当地的计价单位由中央银行发行，在交易各方之间以去中心化的分散的方式结算，是一种物理形式的支付方式。

随着技术的发展，现金的数字版本即零售版的 CBCC 同样以当地计价单位计价，由中央银行发行。CBCC 与现金的区别在于：不具有物理实体；使用的技术可以是分布式或集中式；不一定具备现金的匿名性；可能自动产生利息。需要指出的是，虽然

第十章 如何监管数字货币与 Libra

是数字形式的货币,但 CBCC 同样会保证客户的数据权利不受第三方侵害。

实际上,现金的发行并非都是中心化的,例如中国香港通过外包发行货币。香港金融管理局通过货币局制度(currency board system)对发钞过程中若干技术环节都有严格要求,对发钞行也有严格规定。中国香港长期以汇丰银行和渣打银行作为发钞行。1997 年后,中国银行也加入发钞行。按规定,发钞行有 100% 的备付证明书,每发 7.8 个港币,就要有 1 美元作为抵押。

去中心化账簿技术的出现,带来全新的基于对象的支付方式,即加密货币。它们以自己的记账单位计价,由非银行机构发行,通常发行在无许可的区块链中,由于区块链技术本身是去中心化的,所有的加密货币均以去中心化的方式进行结算。

加密货币又可以根据其是否有担保以及以何种资产进行担保来分类。没有储备金做担保的加密货币,是全新创造的,包括以比特币、以太币为代表的公共币。这种加密货币并不符合传统金融工具的定义,也被称为支付(交易)通证。加密货币在上市以后,币值会剧烈波动。

有储备金做担保的加密货币则通常符合证券定义,被称为投资通证,也被称为证券(资产)通证。这种加密货币以法定货币或者资产组合作为储备金以保证其币值的稳定,以便能够更好地作为价值存储的手段,从而实现其支付功能,我们将其定义为 I 加密货币。在货币之树中,我们将投资通证/证券通证与 Libra

区别对待，后者的特征是以 100% 储备金作为抵押。

为了实现币值的稳定，除了与法定货币锚定这一种手段外，发行商还会通过算法，在币值过高时增发加密货币以降低币值，在币值过低时销毁加密货币以提升币值。目前加密货币市场已经存在的诸如 Paxos、泰达币等稳定币，会保持与法币 1∶1 的固定兑换汇率，但由于其用于稳定价值的系统较为简单，其稳定性并不总是可靠的。更进一步的是，稳定币是可交易资产，这也加剧了其币值的波动。而 Libra 的币值基于 100% 由一篮子货币组成的储备金，在设计中就具有了币值相对稳定的可能性。

在这样的分析框架下，我们给出广义数字货币、狭义数字货币以及广义央行数字货币和狭义央行数字货币的定义和分类。

狭义数字货币 = 没有储备金担保的私营加密货币。

狭义央行数字货币 = 央行加密货币，架构在区块链上，包括批发和零售两种。

广义央行数字货币 = 央行加密货币 + 央行电子支付（指类似支付宝 100% 备付金存储在央行的电子支付）。

广义数字货币 = B 货币 + E 货币 + 央行加密货币 + 央行电子支付 + 私营加密货币（支付通证）+ I 加密货币（投资通证）+ I 加密货币类 Libra（稳定投资通证）。

定义 Libra

2019 年 6 月 18 日，脸书发起的 Libra 联盟发布《Libra 白皮书》，引发了全球范围内的热烈讨论和激烈辩论。根据《Libra白皮书》，Libra 是"货币"及其相对应的金融基础设施的结合体，包括作为底层技术架构的安全、可扩展和可靠的区块链，充当内在价值依托的储备资产，和作为独立治理机构的 Libra 协会。《Libra 白皮书》宣称，Libra 的使命是"建立一套简单的、无国界的货币和为数十亿人服务的金融基础设施"。

按照前文的定义和分类，Libra 是新型加密货币，是通过设立100%储备金进行担保的 I 加密货币（稳定投资通证），或者叫证券资产通证（security token）。Libra 是一种证券，是传统资产抵押产生的凭证，属于投资通证。同时，按照设计，Libra 起步于跨境支付，具有超/跨主权货币功能，并将具有一系列不断拓展的金融服务功能。

从货币的基本功能（交易凭证、记账单位、存储价值和延期支付标准）来看，Libra 的第一个功能只是交易凭证，其他功能由以法币定价的储备资产来实现。由于其币值基于一篮子主要货币（目前被认为将包括美元、欧元、英镑和日元），因此也具有 eSDR 的特征。

除此之外，从技术架构看，Libra 具有加密特征，架构在区块链上，可以运行智能合约，因此 Libra 是可编程和交易的资产。可编程赋予 Libra 智能合约功能，这是一种旨在以信息化方式传播、验证或执行合约的计算机协议，在满足一定的条件下，允许在没有第三方参与和支持的情况下进行自动交易。

读懂 Libra

加密货币/数字货币全球监管实践

2015年来,加密货币市场快速增长,加密货币的形式呈现多样化,多数加密货币都是基于以区块链为代表的去中心化账簿技术。加密货币虽然是新兴的,但其提供的多数金融服务可以直接从现有成熟的监管框架中寻找监管起点,例如交易平台、金融服务与相关产品(包括衍生品与 ETF 等)、资产管理、保管(custody)等在主流金融市场中已有成熟的监管经验。不过,加密货币也存在一些新的领域,以往金融监管框架无法覆盖或全部覆盖,例如加密货币发行、非保管钱包服务、点对点交易、挖矿、软件开发、区块链分析等。加密货币/资产的主要活动与现行监管框架的呼应见表 10.1。

表 10.1 加密货币/资产的主要活动与现行监管框架的呼应

主要行为	行为分类
加密货币创造和分发	加密货币创造、分发和其他相关服务[*] 衍生品:期货与掉期 承销(underwriting)服务
存储	保管钱包服务 非保管钱包服务[。]
交易	中心化的交易服务 点对点交易[。] 去中心化的交易服务[。]
支付	零售支付 跨境支付 账单支付 其他支付

第十章　如何监管数字货币与Libra

续表

主要行为	行为分类
挖矿	硬件制造 硬件分发 远程托管服务 proprietary hashing° 云挖矿° 挖矿池°
投资	资产管理 ETF 集体投资计划 投资咨询 投资经纪
其他	ICO评级 审计 会计与法务 合规（KYC、AML、CFT） 数据服务 软件开发* 区块链分析°

注：无标记的为传统金融监管已覆盖；*标记的为部分覆盖，即有与传统行业类似的部分，但存在创新；°标记的为加密货币领域特有的行为，传统金融监管中没有相似的活动。

资料来源：Global Cryptoasset Regulatory Landscape Study。

关于加密货币的认识及使用的专有名词是一国监管的起点，这在目前的全球监管中仍存在差异。多数国家均表示私营加密货币不是法定货币，并向投资者进行风险提示。在监管实践中，各国对私营加密货币是否为金融工具意见不一，其性质往往需根据具体情形进行判定。如德国财政部认为加密货币是一种金融工具；欧洲银行业监管局和英国金融行为监管局则认为，加密货币本身不是银行存款或金融工具；美联储认为，无储备金的私营加

/ 219

密货币缺乏内在价值，没有安全资产支持，也不是任何机构的负债，难以简单对其进行定性（李文红，2018）。种种分歧导致各国监管实践差异较大。

一些国家对加密货币采取严格的监管措施，禁止加密货币的所有活动，例如阿尔及利亚、玻利维亚等。一些国家虽然没有禁止公民投资加密货币，但通过禁止金融机构提供加密货币服务，间接增加了使用加密货币的限制，这些国家以中国为代表。而以欧美国家与日本为代表，一些国家则尝试将加密货币纳入现有监管框架中。

在后面的分析中，我们将围绕对加密货币监管相对成熟的 4 个国家美国、英国、日本与瑞士，梳理其将加密货币纳入现有监管框架的实践。其中，美日两国的监管比较严格，美国的监管措施更多涉及加密货币发行和证券通证发行，以及衍生品交易层面；日本则通过立法弥补加密货币交易环节的漏洞；瑞士在秉持严格监管的同时保持了开放的态度，主要法规也仅涉及交易层面；英国的监管则相对保守，目前主要集中在反洗钱领域。在很多法律文件中，美国运用了虚拟货币的提法，在后文中，数字货币/虚拟货币/加密货币具有相同的指向，不做严格区分。

具体来看，4 个国家普遍根据自身监管实践对加密货币进行分类，据此依靠现有法律，逐步将加密货币纳入现有监管框架内。后文讨论将从监管立场与加密货币定义开始，并围绕加密货币的主要活动展开，包括发行、金融服务、托管钱包、反洗钱、网络安全与税收，共涉及 6 个环节的监管实践和统一立法。之

第十章 如何监管数字货币与Libra

后,将在监管实践基础上分析存在的监管空白和监管逆差。主要国家加密货币监管实践见表10.2。

表10.2 主要国家加密货币监管实践

	日本	瑞士	英国	美国
分类	早年认为加密货币不属于证券	加密货币被分为支付通证、效用通证和资产通证	加密货币被分为三类:交易型通证、证券型通证和效用通证	加密货币被分为证券或是商品
发行	本来《金融工具和交易法》的拟修正案将适用于ICO。ICO或将受到类似的股票发行规定的约束,例如信息披露	目前没有明确的法律来限制ICO,但瑞士金融市场监督管理局(FINMA)发布了关于ICO监管处理的指导方针,同时会向投资者公布涉及发行虚假加密货币的公司名单	考虑到ICO的复杂性,英国金融市场行为监管局(FCA)需要根据其属性决定ICO是否需要监管	在加密货币销售领域,如果州或联邦法律认为其是证券,则发行受到现行券法的监管
相关金融服务	《支付服务法》规定日本只允许在当地财政局注册的加密货币交易所运行,同时还需要获得相关授权和持有牌照	瑞士联邦委员会提议修订《金融市场基础设施法案》和《金融市场基础设施条例》,以便在合理的情况下可以批准金融基础设施的建立	对于加密资产的衍生品,2019年8月份开始,FCA将对加密货币价差合约进行限制,在9月还对加密货币价差合约期权进行交易限制	在加密货币销售领域,如果州或联邦法律认为其是证券,则销售、交易流通环节会受到现行证券法的监管 美国商品期货交易委员会(CFTC)2015年认定虚拟货币已经具备了《商品交易法》中商品的特点

/ 221

续表

	日本	瑞士	英国	美国
相关金融服务	交易所需要有安全的系统来保存商业信息并授受审查	联邦委员会就加密资产提出修改《瑞士集体投资计划法案》，以允许一种被称为"有限合格投资基金"的新基金类别	对于证券型通证，属于特定投资品，属于FCA的管辖范围	《虚拟货币业务统一监管法》明确规定从事虚拟货币业务活动须获得执照，提交必要的担保和证明并进行信息披露
托管钱包	内阁提交的待修改的《支付服务法》要求加密货币交易所管理客户的加密资产除了运营所必需的部分之外，需要提供冷钱包（不联网的数字钱包）等可靠存储服务 交易所还需要持有与客户资产相等的担保加密资产，并与其他加密资产分开存储	瑞士加密货币的托管服务明确由第三方托管钱包的运营商提供。如果通证在功能上与货币相当，钱包运行商可以在没有银行授权的情况下提供此类服务，前提是需要银行担保 如果涉及销售资产类通证，《金融服务法》就能够对其约束，要求满足必要的反洗钱与了解你的客户的相关需求	英国政府将会制定严于欧盟的反洗钱条例来约束托管钱包可能会产生的有助于匿名存储和传输加密资产产生的问题	《虚拟货币业务统一监管法》规定从事虚拟货币业务活动须获得执照并进行信息披露
反洗钱	《防止转移犯罪所得法》规定虚拟货币交易所符合反洗钱条例的要求	《反洗钱法》适用于瑞士所有的金融中介机构，包括加密货币交易所	英国政府正在就如何根据《欧盟第五次反洗钱指令》将加密货币纳入反洗钱框架	如果加密货币被认为是进行汇款或者其他方式的货币服务业务，则需要遵守《银行保密法》，同时还要遵守反洗钱的规定

续表

	日本	瑞士	英国	美国
反洗钱			英国政府还表示将采取更广泛的反洗钱条例，并制定严于《欧盟反洗钱指令》的法律	《虚拟货币业务统一监管法》规定从事虚拟货币业务活动须获得执照并符合反洗钱条例
网络安全	NA	NA	NA	《虚拟货币业务统一监管法》规定经营主体需要参与美国网络安全计划。
税收	《所得税法》规定加密货币销售所赚取的利润原则上被视为杂项收入，而不是资本收益	加密货币所有者需要被征收财产税 收到加密货币作为工资、福利、额外收入或挖矿所得，则为应纳税收入的一部分 专业交易的利润应纳资本利得税	加密资产的税务处理取决于它们的使用方式而非依据通证的定义 英国税务海关总署尚未发布有关企业加密货币征税的信息或指导	美国国家税务局（IRS）对比特币等加密货币作为财产进行了征税，根据IRS的规定，对加密货币需要保持详细记录，任何通过卖出加密货币获得现金或者以加密货币购买商品、服务的行为都需要纳税

资料来源：第一财经研究院。

监管立场与加密货币定义

美国

加密货币一直是联邦和州政府关注的焦点。联邦政府内的多个行政机构参与了相关规则的制定，目前主要集中在行政层面，并没有上升到法律制定层面。其中，参与的主要机构有美国证券交易委员会、美国商品期货交易委员会、美国联邦贸易委员会（FTC）和美国财政部，后者主要由两个下属机构美国国家税务局与美国金融犯罪执法网络参与。联邦机构和政策制定者认为，加密货币等相关创新是美国未来基础设施的重要组成部分，并强调美国需要在技术发展中保持领先地位。

而在州政府层面，则多是通过立法来影响加密货币的监管。有些州通过免除《联邦证券法》和货币传输法规，来刺激当地经济并改善公共服务；另一些州则显得更加审慎，例如加利福尼亚州与新墨西哥州已发出投资加密货币的相关警示；纽约州更是通过了限制性法律，导致一些加密货币公司退出纽约市场。

关于加密货币本身，美国没有统一的定义，但更倾向于将它们理解为资产或者商品，例如数字资产、数字通证、加密资产等。大多数司法管辖区倾向于接受更广泛且与技术无关的定义，在未来技术迭代后，这样的监管视角也许更具延展性。2015 年美国商品期货交易委员会认定加密货币已经具备了《商品交易法》中商品的特点，并正式把比特币和其他加密货币定义为大宗商品。

日本

日本认为加密货币是货币，并在监管方面采取了积极的态度，早在 2014 年门头沟（Mt. Gox）加密货币交易所因比特币失

第十章　如何监管数字货币与Libra

窃而破产后，日本金融厅（FSA）就着手成立关于"支付和结算业务复杂性"的研究小组与工作组。工作组的最终报告建议：建立加密货币交易所的注册系统；加密货币交易应受到反洗钱规定的约束；引入保护加密货币用户的系统。该报告提交给日本金融厅的财务委员会后，政府开始着手修订《支付服务法》（Payment Services Act），法案修正案于2016年修订，并在2017年4月1日正式生效。

《支付服务法》将加密货币定义为非特定人员购买或租赁货物或提供服务的付款方式，同时可以通过电子数据处理系统转让或出售给非特定人，并且还可以与非特定人员间通过电子数据处理系统交换或转让上述财产的价值。该法案还明确规定，加密货币仅限于以电子方式存储在电子设备上。

英国

英国政府采取了一系列措施来鼓励金融科技的发展，包括启动数字战略，成立加密工作组，创建创新中心和监管沙盒，鼓励和支持金融市场行为监管局的创新，投资1 000万英镑用于开发基于分布式账本技术的项目，考虑将分布式账本技术纳入金融市场行为监管局的监管等。

英格兰银行认为私营加密货币无论是不是货币，也难以成为计价单位，而将其视为加密资产。原因在于：价格不稳定，并非合适的价值存储手段；作为支付手段也没有被广泛接受。

2019年7月，金融市场行为监管局制定了针对加密资产监管的最终指南，明确了哪些加密资产属于其管辖范围。最终指南将加密资产的使用方式分为三类：第一类，交易型通证，作为交易工具，可以购买商品和服务，或者改进受监管的支付服务；第二类，证券型通证，公司和消费者持有加密资产或交易加密资产；第三类，效用通证，通过 ICO 支持或创建区块链产品。其中，比特币、以太币等去中心化的交易工具属于交易型通证，这类加密货币不受监管，但需要符合相关反洗钱的规定。证券型通证的发行类似股票、债券等，属于"特定投资品"，属于金融市场行为监管局的管辖范围。使用某商品或服务的效用通证则没有被纳入监管范围。需要注意的是，某些稳定币传统意义上属于交易型通证，但也可能符合证券型通证的定义。

瑞士

作为对加密货币持开放、积极态度的国家，早在 2014 年，瑞士政府发布关于加密货币的政策报告，报告中解释了加密货币的经济意义、法律待遇和风险。报告认为，加密货币是可以在互联网上交易的价值的数字表现形式，可以承担货币功能，但不是法定货币，应将其归类为资产。

随着时间的推移，瑞士联邦委员会开始向投资者警告加密货币会涉及洗钱、恐怖主义融资、投资者保护等方面的风险。政府同时通过修订银行监管条例，降低了初创科技公司（移动支付系统、加密货币）的监管限制，旨在为这些公司提供"在有限范围内测试创新商业创意"的环境。

第十章　如何监管数字货币与 Libra

瑞士制定了与英国类似的加密货币分类框架，区别在于，瑞士将英国金融市场行为监管局分类中的交易型通证称为支付通证（payment token），证券型通证称为资产通证（asset token）。瑞士金融市监督管理局表示，资产通证类似于股票、债券及其衍生品，而具有投资目的的效用通证与标准化且可以大规模标准化交易的资产通证被归为证券。

发行与 ICO

美国

美国通过区分加密货币的类别，将其应用于现有法律框架下。当加密货币被州或联邦法律认为是证券时，须受到现行《证券法》监管。2017 年 7 月，美国证券交易委员会发布了著名的调查报告《DAO 报告》，报告强调现行监管框架下，《证券法》对使用分布式记账或区块链技术促进投融资的虚拟组织或融资实体，及其相关证券发行销售这一金融科技新范式的适用性。而判定投资交易是否属于证券的发行或出售，将取决于包括交易实质在内的事实，其所用的术语或技术并非影响判定的关键因素。

一旦确定数字资产是证券，其发行、销售、交易、流通等相关行为会被纳入美国证券交易委员会的监管范围。2018 年 11 月，美国证券交易委员会发布了《数字资产证券发行与交易声明》，结合执法行动，强调了数字资产市场参与者在处理技术创新时必须坚持联邦《证券法》框架，同时在数字资产证券的发行、销售以及相关投资工具与交易中给出了法律参考。

按照相关要求,证券数字资产的发行人必须向美国证券交易委员会登记注册或者根据要求豁免登记。2019年7月,美国证券交易委员会根据Regulation A+的要求豁免了Blockstack发行加密货币的注册要求,这也是美国首次在符合美国证券交易委员会发行条件下发行加密货币。

日本

日本政府最初认为加密货币不属于证券,因此不被《金融工具与交易法》（Financial Instruments and Exchange Act）约束。当时的《支付服务法》的约束范围也不包括ICO。

2018年3月,日本金融服务局成立了一个关于加密货币交易所的新研究小组,来讨论ICO的监管等问题。2018年4月5日,由日本的三家大型银行和大型保安公司组成的私营研究小组发布了其建议,包括七项基本规则和两项指导方针。同一时间,16家日本的持证交易所成立了自律监管机构,该机构的名称为日本数字交易所协会（Japanese Cryptocurrency Exchange Association）,除了为业界制定广泛的标准外,还将与日本金融服务局携手起草并建立ICO指南。

2019年3月,日本政府发布规定,要求识别和管理加密资产托管业务与规范ICO。规定还要求,已提交法案以及修改后的《支付服务法》需要将加密货币的名称改为"加密资产"。未来《金融工具与交易法》的拟修正案将适用于ICO。ICO或将受到

第十章　如何监管数字货币与Libra

类似的股票发行规定的约束，例如信息披露。

英国与瑞士

虽然制定了严格的分类，但两国在发行领域的监管略显宽松。英国监管机构认为ICO过于复杂，其是否受金融市场行为监管局的监管需要视情况而定。瑞士金融市场监督管理局于2018年2月发布了关于ICO监管处理的指导方针，但截至2019年9月，瑞士对于ICO并没有出台特定的法规，也没有相关的案例或通用的法律原则作为指南，但金融市场监督管理局将涉及发行虚假加密货币的公司列入其警告名单，并向投资者公布。

金融服务

美国

在金融服务领域，如果加密货币被认定为证券，那么其交易环节需要满足联邦《证券法》的要求。证券的经纪交易商也必须经美国证券交易委员会许可，并成为美国金融业监管局（FINRA）的会员。法律还要求，证券只能在美国证券交易委员会批准的持牌交易所或者替代交易系统（ATC）上交易。

在衍生品交易环节，2015年美国商品期货交易委员会认定加密货币为大宗商品，并以此具有了期货、期权、掉期与其他衍生品的监管权。美国商品期货交易委员会还拥有作为衍生品标的加密货币市场价格操纵企图的管辖权，考虑到芝加哥期权交易所

/ 229

（CBOE）和芝加哥商业交易所（CME）都提供比特币衍生品，未来美国商品期货交易委员会防范市场操纵的可能性更大。

日本

日本对金融服务领域的立法则更加完善与细致。在交易环节，《支付服务法》规定，日本只允许在当地财政局注册的加密货币交易所运行，同时运营商必须是股份公司或者在日本有办事处的外国加密货币交易所。外国加密货币交易所虽然不需要完全符合日本《支付服务法》，但需要符合其所在地的与日本《支付服务法》相当的法律规定的条件。

交易所的成立还需获得日本金融厅的授权，同时获取牌照才能营业，否则不能作为加密货币交易平台为用户提供相关服务。加密货币交易所设立的其他规定还有：准备金要求、分离客户账户、采取反洗钱和了解你的客户流程。

同时，《支付服务法》还明确要求加密货币交易所建立安全的系统来保护它们持有的商业信息，交易所必须单独管理客户的托管资金，同时要接受注册会计师或会计师事务所的审查。

此外，日本金融厅有权命令交易所提交必要的报告和参考资料，并在必要时派遣官员进驻交易所以确保交易所的合规性，交易所必须保留所有加密货币的交易记录并向日本金融厅提交年度报告。日本金融厅可以向交易所提出整改意见，也可以在必要时取消交易所资格或者在某些情况下暂停其业务，时间最长为 6 个月。除此之外，加密资产交易所还需要提前向日本金融厅报告所

第十章　如何监管数字货币与Libra

持有加密资产的变化情况。

瑞士

瑞士从金融市场基础设施角度立法来规范加密货币交易。联邦委员会提议修订《金融市场基础设施法案》（Financial Market Infrastructure Act，简写为FMIA）和《金融市场基础设施条例》（Financial Market Infrastructure Ordinance，简写为FMIO），以便在合理的情况下批准金融基础设施，如交易所使用区块链等去中心化账簿技术。目前只有被视为证券的通证的交易平台需要瑞士金融市场监督管理局授权作为金融市场基础设施，而其他交易平台则不需要。因此，需要通过修改法案为基于加密资产的金融市场基础设施运营创建新的授权类别。

而在金融衍生品领域，联邦委员会就加密资产提出修改《瑞士集体投资计划法案》（Swiss Collective Investment Schemes Act，简写为CISA）的意见，以允许一种被称为有限合格投资基金（Limited Qualified Investment Funds，简写为L-QIF）的新基金类别。L-QIF将不需要瑞士金融市场监督管理局的授权，这意味着金融创新产品可以更快地投放市场。

英国

英国对加密货币金融服务的监管局限于衍生品交易环节。英国金融市场行为管理局也尝试将加密货币衍生品交易纳入监管。2019年8月，英国金融市场行为管理局对加密货币价差合约进行限制，在 9 月对加密货币价差合约期权进行交易限制。

托管钱包

英美在这一领域的监管显得比较薄弱。美国目前并没有尝试将托管钱包纳入现有监管框架，而这也是美国频繁出现加密资产失窃等问题的主要原因。英国主要从反洗钱的角度监管托管钱包服务。

日本开始修订的《支付服务法》的修正案中涉及托管服务。法案要求加密货币交易所管理客户的加密资产，除了运营所必需的部分之外，需要提供冷钱包（不联网的数字钱包）等可靠存储服务。除此之外，交易所还需要持有与客户资产相等的担保加密资产（guarantee cryptoassets），并与其他加密资产分开存储。

瑞士政府明确了加密货币的托管服务需由第三方托管运营商提供。如果通证在功能上与货币相当，则可以在没有银行授权的情况下提供服务，但前提是瑞士的银行会在违约情况下提供担保。

反洗钱

美国

在美国，如果根据所在州法律被认为是进行汇款或以联邦法律规定的其他方式进行货币服务业务时，需要遵守《银行保密法》（Bank Secrecy Act，简写为 BSA）。金融犯罪执法网络是主要负责机构，负责虚拟货币/加密货币的反洗钱监管。2013年3月该机构发布了《监管规定适用于管理、交换和使用虚拟货币的指引》，明确指出虚拟货币"兑换者"和"管理者"因为提供了现金传递业务，因此被视为"资金服务商"而纳入其监管体系中，必须遵守金融犯罪执法网络的各种规定，包括向金融犯罪执法网络注册，建立风险评估和反洗钱控制体系，遵守反洗钱政策和程序，执行交易记录、报告、监测等要求。2018年9月12日，美国众议院通过了《FinCEN 2018改进法案》，将加密货币/虚拟货币纳入执法网络。该法案要求对加密货币/虚拟货币交易进行记录并提交报告，并由金融犯罪执法网络进行收集和分析，为执法机构的稽查提供支持。

日本

日本的《防止转移犯罪所得法》（The Act on Prevention of Transfer of Criminal Proceeds）规定，加密货币交易所必须符合反洗钱条例的要求。加密货币交易所有义务检查客户身份、保留交易记录，并在识别可疑交易时通知监管当局。

瑞士

瑞士政府要求《反洗钱法》适用于瑞士所有的金融中介机构，包括加密货币交易所。瑞士联邦委员会还建议采取措施，使《反洗钱法》的应用更加明确：将瑞士金融市场监督管理局纳入法律，使其有权处置第三方资产的交易平台，接受《反洗钱法》的约束；将基于加密货币的支付手段纳入《反洗钱法》的监管；在国际上积极推进国际协调，通过国际标准打击洗钱和恐怖主义融资。

英国

英国政府将根据《欧盟第五次反洗钱指令》将加密货币纳入反洗钱框架。英国金融市场行为监管局建议银行通过以下措施来减少金融犯罪的发生：向员工提供关于加密资产相关专业知识的培训，帮助他们识别可能构成金融犯罪的客户活动；确保现有金融犯罪监管框架可以覆盖银行所有涉及加密资产的活动，并确保框架的更新赶得上加密资产发展的步伐；与客户合作，了解他们的业务性质以及可能带来的风险；对客户业务中的关键人员进行尽职调查；对于提供加密交易服务的客户，评估其尽职调查安排是否合理；对于参与 ICO 的客户，评估发行人、组织者、通证的功能（包括预期用途）和管辖权。

英国政府还表示将采取更广泛的反洗钱条例，并制定严于《欧盟反洗钱指令》的法律。

税收

美国国家税务局对比特币等加密货币作为财产进行征税。根据美国国家税务局的规定，对加密货币要保持详细记录，任何通过卖出加密货币获得现金或者以加密货币购买商品、服务的行为

第十章 如何监管数字货币与 Libra

都需要纳税。

日本《所得税法》规定，加密货币销售所赚取的利润原则上被视为杂项收入，而不是资本收益。日本国家税务局（NTA）编制了有关加密货币税务处理的问题和答案，并于 2017 年 12 月 1 日在线发布。

瑞士则根据用途将加密货币的税收分为 3 类。首先，加密货币所有者需要被征收财产税，相关加密货币按税务机关在本财政年度 12 月 31 日确定的税率征税。其次，如果收到的加密货币作为工资、福利、额外收入，或者由挖矿所得，则其构成应纳税收入的一部分，以加密货币的瑞士法郎价值收取。最后，如果加密货币交易是在专业交易基础上进行的，那么其利润都应缴纳资本利得税，此时如果发生损失，也可以用来抵税。另外，瑞士还明确了具有资格作为商业资产的加密货币在资产负债表中以账面价值报告，其价格波动必须根据一般会计原则加以说明。

英国税务海关总署的税务政策文件规定，加密资产的税务处理取决于它们的使用方式而非依据通证的定义，交易方式可以是转移、存储和电子交易。

统一立法

通过以上监管实践不难看出，将加密货币进行适当定义和分类，合理应用于现有监管框架，并且赋予相关监管机构足够权限，对于加密货币的监管是有益的尝试。

还是以美国为例，将证券型通证视为证券，从而应用美国国内证券法规予以监管，同时将交易型通证视为商品，并应用《商品交易法》监管衍生品交易环节，这在一定程度上可以规范加密货币市场行为。但单纯应用现有法规显然也存在相当程度的监管空白地带。例如，面对全新的交易型通证，如比特币，就会产生监管挑战。

因此，美国统一州法全国委员会于 2017 年 7 月 19 日通过《虚拟货币业务统一监管法》，对各州建立加密货币/虚拟货币专门法案起到了示范及推动作用。该法案弥补了无储备金的加密货币/虚拟货币交换、兑换法币和第三方服务（交易、存储等）立法层面的空白。

法案首先明确了加密货币/虚拟货币的定义，涵盖所有分类的虚拟货币，具体包括：用作一种兑换媒介、账户单位或价值存储；不是法定货币，不论是否以法定货币计价。法案将虚拟货币活动分为三类：一是直接通过与虚拟货币控制服务供应商的协议，为投资者或代表投资者兑换或转移虚拟货币，代表投资者存储虚拟货币，或从事虚拟货币管理活动；二是代表另一主体持有电子贵金属或贵金属的电子证书，或发行代表贵金属权益的股份或电子证书；三是在网络游戏、游戏平台或发放原始虚拟货币单位的源发行商提供的系列游戏以外，将原本无法兑换的数字单位兑换为一种或多种形式的可兑换虚拟货币、法定货币或银行信贷额。

具体来看，法案明确规定从事虚拟货币业务活动须获得执

第十章 如何监管数字货币与Libra

照，监管部门对申请机构的业务内容、人员资质、经验等进行审查。同时在颁发执照前，从事虚拟货币业务活动的申请体，须提交必要的担保和证明。在信息披露领域，法案要求虚拟货币业务经营主体对收费表、产品服务保障、虚拟货币转换与兑换中的例外与不可撤销情况、责任限定、转移兑换日期可能不同、收据、虚拟货币不是法定货币、交易的价格与日期等信息进行公开、明确的披露。

在监管制度建设方面，法案规定经营主体必须参与美国网络安全、反欺诈与反洗钱、反恐融资等计划。同时，还明确了对虚拟货币业务经营主体的持续性监管措施，包括检查措施与执法措施等。

监管空白和监管逆差

从前文梳理不难看出，从全球范围来看，由于加密货币种类众多，监管机构缺乏统一的认识，各国对加密货币的监管存在明显差异，也存在明显的监管空白和巨大的监管逆差。

投资者保护和价格操纵

以加密货币为基础资产的衍生品交易为例，美国商品期货交易委员会和英国金融市场行为监管局均表示应该将其纳入现有监管框架，但在实际操作中仍有不少难点。以美国为例，美国证券交易委员会被认定拥有证券的加密货币管辖权，但在2018年年底之前，其监管少有覆盖到二级市场交易环节，包括比特币在内的许多无储备金加密货币在法律层面仍然未被认定为证券。虽然商品期货交易委员会认定比特币等加密货币为商品，从而具有了相关标的衍生品的管辖权，但无法将这种管辖权延伸至现金市场（cash market）。这就导致加密货币的主要活动——交易和交易所游离于监管之外。

监管缺失使加密货币交易中介成为监管空白，加密货币使用者的利益难以得到保护。最主要的问题来自交易所的交易机制，目前很少有平台公开订单类型或者订单匹配交易的机制，也没有建立交易前与交易后的价格披露机制，因此外界无法评估交易的质量、可靠度与时机的合适性。如果没有办法确认交易是否以最优价格被执行，投资者保护就无从谈起，而在传统金融资产交易所，上述信息的披露都是必需的。

托管钱包服务在金融交易中必不可少，传统金融系统中要求交易平台与资产托管功能分离，以此保障客户资产安全。但在加密货币交易中，这种做法并不普遍，交易所更倾向于将加密资产置于自己的"钱包"中，并在自己的账簿上记载所有客户的交易，而非在去中心化的公共账簿上记载（Ross Anderson，2018）。在公司账簿记录交易使交易平台变得越来越像早期的银行，事实上部分交易所确实会挪用客户资金，此时缺少准备金监管成为交易所的致命弱点，一旦大量客户要求提取钱包中的加密货币，将可能发生挤兑风险。

部分交易所还开展自营交易（proprietary trading）业务，这更

第十章　如何监管数字货币与Libra

加剧了平台与投资者之间的利益冲突，因为自营交易可能优先于投资者的交易，使交易平台在交易中占据有利地位。除此之外，交易所还可能在自有账户间互相交易，虚构平台高流动性与交易量的假象，更有甚者用来操纵市场价格，这些都是为了误导投资者做出错误选择。得克萨斯大学奥斯汀分校（University of Texas at Austin）的教授约翰·格里芬（John Griffin）最新的研究表明，加密货币Tether被用来操纵多个市场的加密资产价格。

非法支付和网络安全

由于加密货币的匿名性，监管者最早关注到它是因其可以逃避现有反洗钱与反恐融资监管。但由于缺少国际共识以及国内必要的监管框架，加密货币成为非法支付的重灾区。在国际层面，早在2015年，反洗钱金融行动特别工作组（FATF）就曾提议各国对其监管，防止其用于洗钱与恐怖主义融资，4年来大多数国家都没能实现这一目标（Naoyuki Iwashita，2019）。而在各国国内，以美国为例，虽然金融犯罪执法网络在2013年就表明，加密货币的管理和交易必须注册并报告相关数据以确保合规，但由于缺乏必要的监管框架，相关法律在执行层面大打折扣，截至2018年10月，Coinmarket上前100位的交易所只有13家在金融犯罪执法网络注册。

加密货币本身也备受网络攻击困扰，究其根本是加密资产交易平台不需要满足任何网络安全要求。加密货币因此成为网络黑客青睐的产品。根据剑桥大学的估计，已知的加密资产资金失窃造成了约 15 亿美元的损失。

科技巨头进军金融业

和以往的私营加密货币具有本质不同，分析 Libra 监管框架的另一个切入点是科技巨头进入金融业，脸书在全球范围内的 27 亿用户足以支持对于平台经济的任何想象。

传统金融监管的主要目标是确保个人和机构的偿债能力以及金融系统的稳定性，也会涉及消费者保护领域。但科技巨头进入金融市场使得传统政策响应面临更多挑战。国际清算银行在 2019 年年度经济报告的"金融市场中的大型科技企业：机遇与风险"章节中进行了详细解读。

科技巨头的"DNA"

报告指出，数据分析（data analytics）、网络外部性（network externalities）和相互交织的活动（interwoven activities）这三者（"DNA"）构成了科技巨头商业模式的关键特征。

从网络外部性来看，用户作为平台的一方（如电商平台上的销售者）参与的益处随着另一方用户数量（如购买者）的增加而增加。网络外部性为用户带来了更多用户和更多的价值。与此同时，更多用户带来了更多的数据。对数据的分析既能增强现有服务的质量，又能吸引更多用户。这一相互交织的过程彼此促

第十章　如何监管数字货币与 Libra

进，彼此增强。

参与金融服务可以补充并强化科技巨头的业务活动。支付服务就是典型案例，其促成了电商平台上的安全交易，通过社交媒体平台向其他用户发送资金成为现实。支付行为还会生成能够详细说明资金发送方和接收方之间联系的数据。这些数据既可以用于增强现有金融服务（如有针对性的广告），也可以用于其他金融服务（如信用评分）。

实际上，科技巨头业务模式使其具有海量数据，进入金融领域将进一步发挥其数据优势。过去几年，科技巨头已经逐步进入金融的多个领域，包括支付、资产管理、保险和借贷等。目前，科技巨头的核心业务仍是信息技术和咨询（如云计算和数据分析），占其收入的 46% 左右，金融服务约占 11%，未来空间巨大。科技巨头金融服务收入占比如图 10.4 所示。科技巨头和金融科技公司的规模差异如图 10.5 所示。

虽然相较于科技服务，金融服务在科技巨头业务中的体量不大，但考虑到科技巨头的用户基数，未来其在金融领域的影响不容小觑。在网络外部性的相互加强之下，拥有海量数据的科技巨头天然具有极强的垄断优势。

必须肯定的是，科技巨头的进入将降低信息和交易成本，带来更高的效率，促进金融包容性发展。但人们也要注意到潜在的风险与成本。

首先是市场力量。一旦建立了专属生态系统，潜在的竞争对手将几乎没有建立竞争平台的空间。占主导地位的平台可以通过

读懂 Libra

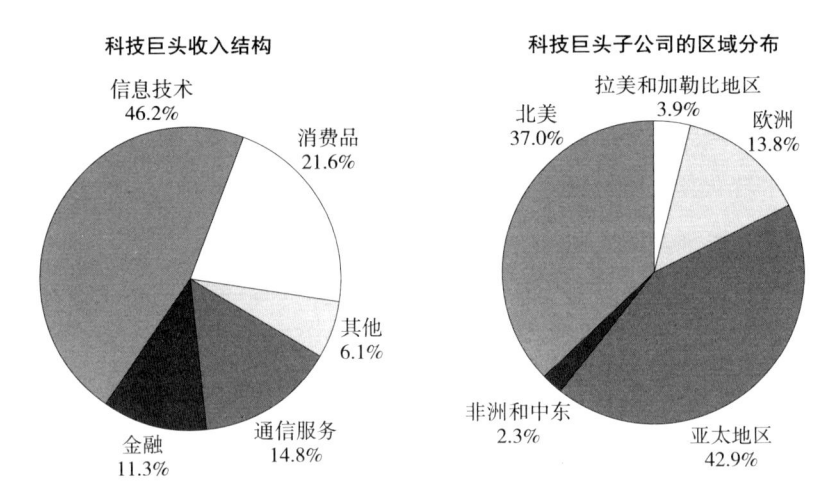

科技巨头收入结构
- 信息技术 46.2%
- 消费品 21.6%
- 其他 6.1%
- 通信服务 14.8%
- 金融 11.3%

科技巨头子公司的区域分布
- 北美 37.0%
- 拉美和加勒比地区 3.9%
- 欧洲 13.8%
- 亚太地区 42.9%
- 非洲和中东 2.3%

图 10.4　科技巨头金融服务收入占比

资料来源：国际清算银行。

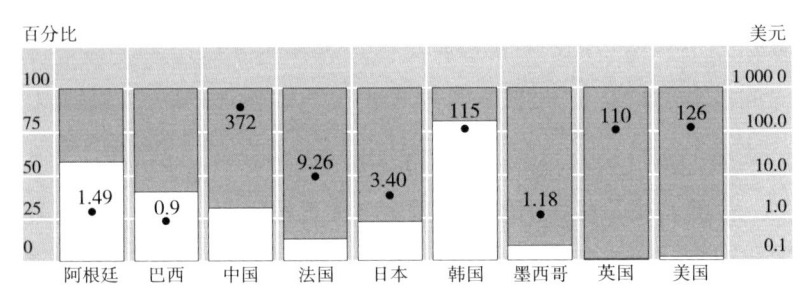

国家	科技巨头信贷占比	人均金融科技公司信贷总额（美元）
阿根廷		1.49
巴西		0.9
中国		372
法国		9.26
日本		3.40
韩国		115
墨西哥		1.18
英国		110
美国		126

左轴：□ 科技巨头信贷　■ 其他金融科技公司信贷　右轴（对数）：● 人均金融科技公司信贷总额

图 10.5　科技巨头和金融科技公司的规模差异

资料来源：国际清算银行。

提高进入壁垒来巩固自身的地位。它们可以利用其市场力量和网络外部性来增加用户转换成本或逐出潜在的竞争对手。

平台现在常常作为金融服务提供商的重要销售基础设施。但同时，科技巨头还会与这些提供商展开竞争。科技巨头可以优先

第十章　如何监管数字货币与 Libra

选择自家产品，并让金融机构以更昂贵的方式通过平台来接触潜在用户，进而获得更高利润。其他反竞争行为还包括产品捆绑销售和交叉补贴活动。考虑到科技巨头的商业模式，这些做法可能会让它们达到更大规模。

另一种风险是数据垄断。科技巨头拥有近乎零成本搜集数据的能力。这使人们担忧新时代的数据垄断，即在数据方面的垄断地位一旦开始形成，科技巨头就可以通过价格歧视来榨取租金收益。例如，科技巨头会使用它们的数据来评估借款人的潜在信用，还可以确定借款人愿意为贷款支付的最高利率或客户为保险支付的最高保费。价格歧视不仅具有分配效应（即在不改变生产和消费总量的情况下，以客户为代价提高科技巨头的利润），还可能产生不利的经济影响，损害消费者利益，甚至是社会整体福利（如对个人数据的不当使用可能导致高风险群体被排除在保险市场之外）。

竞争政策与数据治理

大型银行虽然也为客户提供多种服务，但这些服务并未如大型科技公司那样形成"DNA"循环，现行的监管要求也使传统银行难以将这些数据与其他数据结合应用。

大型科技公司创造了竞争和数据之间全新的关系。数据是"非竞争性商品"，在不损耗的前提下被多数人使用，即边际成本为 0。基于前述的"DNA"特征，大型科技公司由于拥有海量数据以及平台外部性的相互交织加强，具有极强的垄断优势。

打破这种局面有两个方向的思路。一是在确保隐私安全的同时，推动数据分享。目前，科技公司事实上拥有众多数据，而消费者并不能（简单地）授权它们的竞争对手接入这些数据。应当要求这些科技公司将数据所有权还给消费者，从而让消费者可以决定谁可以分享及销售这些数据，以便于消费者可以自由地更换服务商，以及其他机构可以更好地提供服务。欧盟《通用数据保护条例》中的数据可携带权（right to data portability）规定，在鼓励大型科技公司进入金融行业的同时，将数据保护重点放在用户拥有数据产权上。参照图10.6的坐标，就是将政策向右边靠拢。

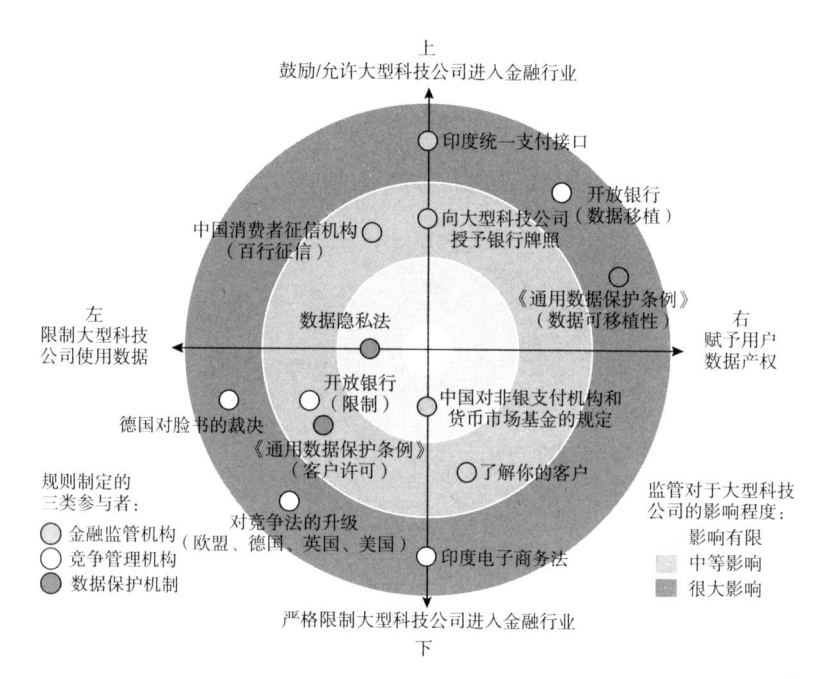

图10.6 大型科技公司进入金融业的监管罗盘
资料来源：国际清算银行。

第十章　如何监管数字货币与 Libra

另一个方向的思路则是限制大型科技公司对数据的使用，在某一项服务中仅使用必需的数据，从而保障数据的用户隐私，并降低滥用可能。目前，欧盟、德国和英国正在更新竞争法案，在限制科技公司进入金融行业的同时，也限制它们大量使用用户数据，即政策向左边靠拢。

同时，对数据的采集范围也要进行限定。首先，并非所有类型的数据都与金融服务有关。例如，为了评估借款者的信誉，贷款者可能不需要知道前者的社交习惯或旅行计划。其次，并非所有类型的服务提供商都应该有权访问用户的金融数据。因此，开放银行有选择地限制了可以传输的数据范围（如金融交易数据），以及可以共享这些数据的机构类型（如得到认证的存款接收机构）。同样，《通用数据保护条例》要求企业在使用消费者个人数据前要得到消费者的同意（即客户许可）。这两种限制均被视为科技巨头进入金融业的障碍。

竞争政策与金融稳定

一个健康运转的金融系统是公共基础设施重要的组成部分，金融监管的重要目的是同时实现金融稳定与提高市场效率。为了实现金融稳定的目标，监管者要确保单一机构具有相应的偿付能力，并以此为基础维护整个金融系统的稳定。而为了实现提高市场效率的目标，又需要在金融市场保持一定的竞争。两个目标往往交织在一起，以银行业为例，监管者往往会限制大型银行的规模以保持市场竞争（同时限制单一金融企业规模，也可以降低风险以避免大而不能倒的问题），同时也会通过严格的牌照发放机制，以"特许权价值"保持银行的盈利能力来实现金融稳定。

从金融稳定的角度出发，目前的监管框架对大型科技公司的金融业务提供了一定的监管指引，一个基本原则是"相同行为，相同监管"（same activity，same regulation），消除监管套利的空间。从事同样的业务时，大型科技公司应该与传统金融机构遵守同样的资本和流动性要求，都需要遵守"了解你的客户"原则以及反洗钱、反恐融资等规定。同时，拥有庞大资产规模共同基金的科技型企业也可以被考虑列入系统性重要金融机构，以对应其对于金融系统可能带来的风险。

在竞争和效率方面，情况就更复杂，其前提是理解金融业需要什么样的竞争，以及大型科技公司进入金融领域会对市场竞争带来什么影响。

一种思路是在严格的牌照管理的前提下，支持科技公司进入金融领域，通过降低一些细分市场的准入门槛来支持技术创新，例如印度推出的"统一支付接口"（UPI），允许手机支付提供者接入银行同业支付市场，或者给大型科技公司发放银行牌照。

另一种思路则是，虽然大型科技公司进入金融领域将增强金融业的包容性，但考虑到大型科技公司的"DNA"循环，这种进入可能并不会增强市场竞争性，而会带来更强的市场控制力。特别是当传统金融机构业务越来越依赖大型科技公司构建的平台时，这种局面会恶化。传统的竞争/反垄断政策聚焦于单一市场并采用如公司规模、定价和市场集中度等指标，这种模式已经不适用于大型科技公司进入金融市场的场景。因此，会限制大型科技公司进入金融业。

如何监管 Libra

在《Libra 白皮书》公布的第二天，美联储主席鲍威尔即指出，虽然美联储没有完全的监管权限，但会对其施加影响。鲍威尔后来表示，解决隐私、反洗钱、消费者保护和金融稳定四大问题是 Libra 将被放行的前提条件。而美国总统特朗普也提及，Libra 若要从事类似银行业务，需要银行的全牌照。

英国央行行长卡尼将 Libra 称为新型支付提供商，并考虑是否将其纳入央行的资产负债表。卡尼将英国央行对 Libra 的态度总结为："持开放的态度而非敞开大门"（an open mind but not an open door）。

Libra 设计缺陷和问题

Libra 架构尚无应对其币值波动的制度安排，现行利息分配机制也存在对持有需求的制度障碍，这意味着未来制度框架需要细化设计或者做出改变

现有的大部分加密货币都没有基础资产支持，所以投机和投

资成为主要用途，大部分购买者的目的是在未来以更高的价格出售，其价格波动幅度巨大。Libra 希望通过稳定的流动资产组合作为储备来为货币提供价值支撑，这从理论上会限制 Libra 价格的波动性（向上或者向下）。

根据 Libra 协会的解释，储备金来自投资者和 Libra 用户。但不管是谁，创造更多 Libra 的唯一方法就是使用法定货币购买，即每增加/减少一个 Libra，都对应着储备金的增减。

储备金将在具有投资级信用评价的保管网络中进行分散保管，以限制交易对手风险。这意味着托管机构将包括商业银行，储备金会进入商业银行的资产负债表，会被商业银行使用，所以交易对手风险不可能被完全消除。

储备金将投资低风险资产，相关文件提到的储备资产包括现金和政府债券，但除了低风险外，并没有做出进一步明确的规定，除了道德因素，储备资产的稳定性将取决于储备管理者的专业水平，这将影响到 Libra 的内在价值及交易价格。在大部分情况下，储备资产应当产生收益，但这些收益并不会回报给 Libra 用户，收益将首先用于协会开支，剩余部分将作为早期投资者的分红。

Libra 实行 100% 备付金制度和储备资产低风险投资的原则，并不意味着损失不会出现。投资决策失误或托管方交易对手风险都可能导致损失发生，那么就可能出现以下两种情况：第一种情况是，Libra 内涵价值下降，导致对应法定货币价格的下降，从而使相关者对于 Libra 币值的稳定产生怀疑。如果 Libra 协会不顺

第十章　如何监管数字货币与 Libra

应做出调整，那么持有者将会以被高估的价格大量回售 Libra 并引发流动性和偿付能力的风险。如果这时候 libra 协会拒绝兑换法定货币，那么整个系统的信任将会崩塌。

第二种情况是，相关机构注入资金来承担损失从而维持 Libra 的内涵价值，那么谁会有责任和意愿去承担相应的责任？从目前的制度设定看，Libra 协会的发起人并没有承担储备资产损失的义务，而且一旦 Libra 被广泛应用，其初期投资也难以对冲可能出现的损失。

此外，Libra 储备资产利息的分配制度也存在缺陷。储备资产由发起人组成的 Libra 协会管理，利益在除去必要开支外将分配给持有投资代币的发起人，同时未规定发起人承担投资风险，这可能会导致道德风险。另外，这种制度可能导致 Libra 长期使用者不得不面对这种局面：承担预期通胀损失（因为无利息收入）或承担频繁兑换 Libra 的费用（如果收费），这将阻碍以 Libra 为中心的交易市场的形成。

按照目前的安排，Libra 的发行完全基于市场需求（假定市场有效），需求可分为两类：交易需求和持有需求。交易需求取决于市场发展的状况，但现有框架特别是储备资产利息分配制度对于持有需求的发展构成了制度上的障碍。这或许缘于设计者希望低调起步从而让监管放行的考量。

我们相信未来 Libra 若能推出，将会寻求相关的制度改变和演进，刺激持有需求和交易需求，谋求大规模的市场覆盖。

Libra协会并不足以限制脸书对Libra的巨大影响，也难以完全消除数据滥用风险，这种预期和担忧将制约Libra的发展空间和扩张速度

根据公布的文件，脸书在Libra协会的绝对权利将在2019年年底结束，之后权利将会移交至Libra协会理事会。结合Libra协会的相关规则，单一会员投票权会显著小于30%，另外Libra协会还规定同一主体不能通过不同创始人身份加入协会。

而实际上，脸书是Libra开创者、制度设定者并负责挑选最初的协会成员，其拥有的27亿用户（主要为脸书和瓦次艾普的用户）更是Libra能否真正成功的关键。

另一个问题是脸书通过创设子公司Calibra参与Libra协会，是否足以消除数据滥用的风险？相对于Libra协会，脸书在数据使用上处于更为有利的位置，Libra区块链遵循匿名原则，允许用户持有一个或多个与他们真实身份无关的地址，这意味着Libra协会无法知道其账户背后的用户，但脸书却对其27亿用户了如指掌。Calibra设立的目的被解释为确保社交数据与金融数据"适当分离"，但"适当分离"不是隔绝，事实上多用户多维度数据交叉使用相互推动本身就是当前大型科技公司的核心商业模式，更极端地说，脸书的承诺只是Calibra的数据不会被用于广告目的，但并未限制脸书的社交网络数据不被Calibra使用。

这种预期和担忧将制约Libra的发展空间和扩张速度，也将

第十章 如何监管数字货币与 Libra

催生竞争政策、数据治理和金融稳定三者交互作用的新政策框架（将在后文展开）。

Libra 将采用中心化和去中心化的混合技术路线，当前技术架构不足以支撑大规模的支付要求

从短期目标来看，Libra 并没有必要使用区块链，其采用及宣传区块链技术可能基于两个原因：提高加密资产对 Libra 的好感和技术信任，以及宣扬独立精神。根据公布的信息，Libra 很可能采用中心化的分布式处理架构与区块链技术相结合的分层技术混合路线。

从治理架构而言，区块链分为两种类型：第一种是许可网络，只有特定的实体可以参与规则制定和治理；另一种是非许可网络，只要遵守协议规则并贡献资源，所有人都可以参与规则制定和治理。

虽然 Libra 将长期目标定为非许可网络，但至少从目前来看，Libra 仍相当"中心化"，或者说并没有实现去中心化。Libra 协会未明确规定转向非许可网络的时间节点，只是表示将在 5 年内开始相关工作。未来，由于监管的要求及其使用的拜占庭容错共识机制本身的原因，可能会限制其真正实现去中心化。监管可能要求更有效地接入数据，并确保网络能随时符合监管要求，而相对于工作量证明，采用拜占庭容错共识机制的系统在可扩展性和去中心化方面表现较弱，且容错性较低。

Libra 区块链中使用新的 Move 编程语言实现自定义交易逻辑

和智能合约，但未界定出现如黑客攻击时的责任归属，从整个制度设计本身看，中心节点的拥有者（主要为持有投资代币的发起人）似乎处于只享受利益但不承担风险的地位。由它们组成的 Libra 协会到底有多大意愿真正走向完全去中心化呢？

区块链网络的交易效率问题也是无法实现去中心化的原因。Libra 前期目标是实现每个节点每秒 1 000 笔交易，即便采用混合技术路线，这也无法满足全球支付网络的需要。一个可以比较的数据是，网联的峰值是每秒 9.3 万笔交易。

Libra 可能带来的颠覆性影响

Libra 若获得大规模应用，在推进普惠金融发展的同时，也将不可避免地侵蚀弱势货币，对弱势货币形成贬值压力，并对现行跨境资本流动和管理形成挑战和冲击

如果 Libra 被大规模应用并且成为全球货币金融系统中的单一重要工具，那么全球货币竞争力格局将被分为线上和线下两个部分并相互影响。按照现有规则，线上货币竞争力格局将取决于 Libra 一篮子货币的构成，被大比例纳入该篮子的货币（如美元）的全球地位将被加强，而未被纳入该篮子的货币会进一步被边缘化。

一旦一国货币被纳入 Libra 篮子，其会有冲动通过发行货币兑换 Libra，这可能导致竞争性印钞局面出现。目前 Libra 协会并没有机制对 Libra 发行总量进行控制，也未引入其他机构负责此

第十章 如何监管数字货币与 Libra

项工作。另外，篮子货币的央行之间要有清算机制，而 Libra 协会难以建立支撑全球结算货币所需要的信用等级。另一个风险来自 Libra 对于金融风险蔓延的助推作用。如果一篮子货币中的某一种货币出现危机，那么持有该货币的民众就会倾向于将本币兑换成 Libra，从而引发该货币进一步的贬值，加剧风险蔓延。

由于 Libra 创造的是跨境自由流动的货币，即便一个国家的货币不可兑换成 Libra，也会被 Libra 所侵蚀，而这种侵蚀是难以杜绝的。同时，Libra 的使用将冲击一国的现行跨境资本流动管理机制。

Libra 未来可能影响全球货币政策

对于货币政策的影响，需要考虑 Libra 信用创造的可能。从目前 Libra 公布的框架看，由于通证在区块链地址间转移过程中的总量不变，即便能够形成信贷市场，Libra 可能并不具有信用创造的能力。同时，与法定货币不同，即便 Libra 持有者将 Libra 存放至"Libra 银行"，也不能"消费"相应的存款，从而不能出现如法定货币从 M0 向 M1 和 M2 的转变。

但是，如果 Libra 未来将储备金范围从法定货币扩大至其他资产，那么就会具有类似量化宽松的货币政策效果，如若进一步演化为纯信用方式发行，那么 Libra 将对全球货币政策造成重大影响。虽然目前的发行框架并不支持这种行为，但在未来并不能排除这种可能。

智能合约易用性改进将赋予 Libra 在场景下的巨大生命力，结合其"自金融模式"，Libra 将挑战现有金融服务和金融机构，并在 5G 背景下和彻底改变金融业和其他行业的共生生态

因为打通了金融的边界，跨越国界，并自带交易场景，Libra 具有"自金融"特征。更值得高度关注的是，Libra 体系中包括智能合约，这将有助于 Libra 生态系统和其他非金融生态系统联通，在 5G 背景下将各类以前不可流转、不可交易的资产数字化并建立全新的庞大的生态系统，其影响目前可能无法估量。

智能合约是一种旨在以信息化方式传播、验证或执行合约的计算机协议，允许在没有第三方的情况下进行可信交易，这些交易可追踪且不可逆转，并可以节约相关合约成本。智能合约的纳入使得一旦合约的相关条件在现实世界中被触发，Libra 将可以被自动转移。

Libra 并不是第一个包含智能合约的加密货币系统，但截至目前出现的智能合约在易用性方面存在很大的问题，例如基于智能合约的以太坊应用，由于技术难以理解，用户唯一参与区块链的方式就是买卖数字货币。通过 Move 编程语言，如果 Libra 可以真正解决智能合约的易用性问题，那么区块链的应用将不限于简单支付，更可催生出基于更复杂逻辑的交易形式。比如 5G 背景下，自动驾驶汽车可以根据现实路况确定是否驶入收费道路，并依靠智能合约完成收费。拥有易用性的智能合约，Calibra 可以将 Libra 作为入口，通过更低成本、补贴甚至是倾销的模式进入更

第十章 如何监管数字货币与 Libra

多的金融细分市场，对传统金融模式形成强大竞争，并彻底改变金融业和其他行业的共生生态。

构建 Libra 监管框架

目前 Libra 等加密货币需要被严格监管已经成为共识，关于其监管原则，在前文基础上不难看出，主要可以从 4 个切入点考虑，第一是加密货币的监管问题；第二是针对 Libra 这一类以资产组合作为备付金的加密货币的监管问题；第三是大型科技公司（平台型企业）进入金融领域的共性监管问题；第四则是基于其对全球金融稳定可能带来的颠覆而需考量的监管措施。

加密货币的共性监管

从国际范围来看，全球对加密货币的监管仍显不足，但主要国家已经对加密货币建立适当的分类。考虑到加密货币的大多数服务都可以直接应用于现有成熟框架，分类将有助于厘清加密货币本质，更有效地将其纳入现有监管框架内，而现行法律的空白部分，也可以更加明确，通过新设法律法规妥善弥补。

按照前文分析，加密货币分为 3 类，分别是：无储备金加密货币，这类货币不具备内在价值，如比特币；以法定货币为储备金的稳定币，如 Paxos；以资产组合作为 100% 储备金的稳定币，如 Libra。实际上后两类加密货币本质上是类似的，均属于证券型通证，被多数监管机构视为证券。但由于 Libra 引入资产组合作为 100% 储备金，还可能涉及跨国与多部门的协同监管，因此单独列出一类来讨论。

无储备金加密货币，如比特币，是全新创造的加密货币。在传统监管框架中，并未涉及这一领域，因此需要立法来弥补监管的空白。在这一点上，美国《虚拟货币业务统一监管法》的出台提供了完善的法律框架参考。该法案明确规定了从事虚拟货币发行、兑换、存储与交易等活动的市场准入与监管标准。从事相关活动必须获得执照，且监管部门将对申请机构的业务内容、人员资质、经验等进行审查。在颁发执照前，从事虚拟货币业务活动的申请体，须提交必要的担保和证明。

法案还对虚拟货币业务经营主体的收费表、产品服务保障、收费标准、法律责任限定、交易信息等信息披露环节做出明确要求。同时，还规定必须参与美国网络安全、反欺诈与反洗钱、反恐融资等计划。如果这一法案在全美施行，将在最大限度上弥补美国无储备金加密货币的发行与交易环节的监管空白。

具有储备金的加密货币在监管实践中通常符合证券的定义，而被纳入证券法规的监管，借助成熟的证券法规监管此类加密货币的首次发行、交易等金融活动。例如，美国证券交易委员会于 2018 年 11 月发布了《数字资产证券发行与交易声明》，强调数字资产市场参与者在处理技术创新时必须坚持联邦《证券法》框架，同时在数字资产证券的发行、销售以及相关投资工具与交易中给出了法律参考。类似地，日本也表示修订的《金融工具与交易法》将覆盖证券类加密货币的首次发行，未来这些金融活动

第十章　如何监管数字货币与 Libra

或将受到类似股票发行规定的约束,例如信息披露。

在证券类加密货币的交易环节,美国还要求其经纪交易商也必须经美国证券交易委员会的许可,并成为美国金融业监管局的会员。同时,证券只能在美国证券交易委员会批准的持牌交易所或者替代交易系统上交易。如果这些法案得到严格执行,那么证券类加密货币的交易乱象将得到根治。

另一方面,加密货币托管钱包领域同样需要监管,其中日本《支付服务法》的要求最为严格,法案要求交易所管理客户的加密资产必须提供离线钱包,要保持与客户资产等额的担保加密资产,同时客户资产必须同自有资产分离保管。以此来确保消费者的利益不被侵害。其他主要国家则大多提出了必要的信息披露与担保要求。

由于加密货币的匿名性,监管者最早关注到它是因其可以逃避现有反洗钱与反恐融资监管。在这一领域,各个国家均有相关法案涉及,以美国为例,进行汇款或其他联邦法律规定的货币服务业务需要遵守《银行保密法》,接受反洗钱监管。2018 年,美国众议院通过了《FinCEN 2018 改进法案》,将虚拟货币纳入执法网络。该法案要求对加密货币交易进行记录并提交报告,并由 FinCEN 进行收集和分析,为执法机构的稽查提供支持。日本、瑞士也表示传统反洗钱法案适用于加密货币交易,英国也将制定严格的反洗钱条例以应对匿名交易问题。

构建 Libra 监管框架

我们将 Libra 归类为私营部门发行的具有资产组合作

100%准备金的加密货币，这类加密货币通常具有证券类特征。在这一领域，美国作为加密货币监管的风向标，对全球监管政策的发展有着很强的示范作用。

参考美国现行对加密货币的监管实践，具有准备金的加密货币通常被归类为证券，《证券法》对这类相关监管问题已有足够法律供参考。因此，Libra 的首次发行、销售、交易与流通等相关环节都会被纳入美国证券交易委员会监管，如果未来美国证券交易委员会进一步加强监管力度，目前二级市场交易环节中暴露的消费者保护问题也将得到控制。此外，Libra 具有支付、汇款等功能，在涉及相关货币服务业务时，还需要遵守美国《银行保密法》，满足 FinCEN 关于反洗钱、反恐融资的规定，符合了解你的客户的要求。

但在托管钱包与支付等领域，现有美国法律少有涉及，未来更多地会参考尚未通过的《虚拟货币业务统一监管法》，强化消费者保护、法律合规、信息披露与网络安全等领域的要求。

目前，Libra 尚未发行。我们认为，出于获准出生的考虑，其在初期将尽可能满足证券类加密货币在美国的各种监管要求，一旦未来获得初步成功，就会向金融领域进一步拓展、渗透，并通过平台经济的特征实现类似脸书在社交媒体领域的市场支配力（market power）。

在未来的监管中，还需要考虑以下几个方面：

第一，在金融稳定领域的评估中，满足相关监管要求并获得美联储的认可。特别是在 Libra 储备金对应的资产流动性方面，

第十章 如何监管数字货币与Libra

需要有相关机制应对Libra可能大量赎回造成的相应资产的流动性危机。

第二，通过相关制度安排，对Libra技术发展路线图及规则制定进行干预，尤其是在智能合约等方面。

第三，美国联邦贸易委员会和欧盟竞争委员会对脸书和Calibra的数据流动设定相关规则，限制脸书使用用户数据，获取不公平的竞争优势。在保证隐私安全的前提下，开放而非封闭数据。在《通用数据保护条例》框架下，推动数据流动。

第四，未来，Libra的金融服务还可能涉及贷款、资产管理等多个金融领域。对于这些金融行为，应坚持"相同行为，相同监管"原则，实行多重监管，即多个监管部门、多重监管要求，并制定规则协调监管执行，合理增加监管工具箱。

第五，Libra与多种货币的篮子挂钩。随之而来的问题就是，其中货币的比重、汇率应该是多少，以及是否涉及相互之间的汇兑、清算。这就导致Libra在跨境支付中的使用不可能回避央行以及国际间央行协调的问题。由此又产生了全球是否需要有人来管理各种货币之间的汇率及其形成机制的问题。因此，需要通过国际清算银行等平台，建立篮子货币的央行之间的清算机制。更进一步，利用现有国际平台，例如国际货币基金组织和国际清算银行，对Libra发行总量、储备金来源货币比例等进行管理和治理，限制对全球货币体系的冲击，需要时可以组建新的全球治理架构。

第六，基于Libra形成的金融或类金融行为的规模和范围特征，且其风险可能会迅速传递至整个金融领域，Libra 具有系统重要性特征，更加需要全球协同对其进行监管。

第七，考虑到 Libra 作为货币对于全球货币体系的影响，不允许 Libra 修订或取消 100% 储备金的安排。同时，对于保持币值稳定需要的复杂储备测算，需要央行或者国际清算银行参与。

第八，国际货币基金组织、国际清算银行和各国央行等机构高度关注 Libra 可能造成的货币贬值危机。

结语

加密货币是目前发展最迅速的领域之一，科技巨头的加入使该领域因薄弱监管而产生的"监管逆差"更为明显。根据目前暴露的问题，监管者主要应从 3 个方面着手应对：首先，针对加密货币发展中暴露的市场乱象，应该着手加强加密货币市场的管理，将其纳入监管框架内，妥善保护消费者利益。其次，面对科技巨头进入金融领域，应保持审慎态度，通过立法或行政法规防止科技巨头滥用数据与市场支配地位，以此保护消费者的数据隐私，通过一定的市场准入维护金融稳定，也使社会福利不受损害。最后，Libra 作为以资产组合为 100% 准备金的加密货币，未来可能有广泛的应用场景，在满足加密货币与科技巨头监管要求的同时，还需要加强国际监管协调应对其清算、贬值、货币侵蚀、跨境流动、金融稳定等一系列问题。

第十章 如何监管数字货币与Libra

参考文献

[1] 周小川：《如何全面看待数字货币和电子支付的发展》，2018年11月。

[2] 李文红、蒋则沈：《分布式账户、区块链和数字货币的发展与监管研究》，2018年6月。

[3] FSA新闻稿：《关于建立"加密货币交易业务研究小组》，2018年5月。

[4] FSA新闻稿：《关于"加密货币交易业务研究小组"第一次会议》，2018年4月。

[5] 谢平、石午光：《数字加密货币研究：一个文献综述》，《金融研究》，2015：1-15。

[6] 焦瑾璞、孙天琦、黄亭亭等：《数字货币与普惠金融发展——理论框架、国际实践与监管体系》，《金融监管研究》，2015（7）：19-35。

[7] 杨燕青，林纯洁：《为什么我们需要监管数字货币》，《第一财经》，2017年6月11日。

[8] 杨燕青，林纯洁：《关于Libra的6个核心问题及其监管原则》，《第一财经》，2019年7月7日。

[9] Libra Association, 2019, "An Introduction to Libra", https://libra.org/en-US/white-paper/#the-libra-currency-and-reserve.

[10] Japan Payment Services Act art. 2, para. 5.

[11] Tobias Adrian et al., The Rise Of Digital Money (Jan, 2019).

［12］ Cambridge Center for alternative finance, Global Cryptoasset Regulatory Landscape Study（Apr. 2019）.

［13］ Cambridge Center for alternative finance, 2nd Global Cryptoasset Benchmarking Study（Dec. 2018）.

［14］ Global Legal Research Directorate Staff, Regulation of Cryptocurrency Around the World（Jun. 2018）.

［15］ HM Treasury et al., Cryptoassets Taskforce: Final Report（Oct. 2018）. https://assets.publishing.service.gov.uk/government/uploads/system/uploads/attachment_data/file/752070/cryptoassets_taskforce_final_report_final_web.pdf.

［16］ Federal Council, Federal Council Report on Virtual Currencies in Response to the Schwaab（13.3687）and Weibel（13.4070）Postulates（Jun. 2014）. https://www.news.admin.ch/NSBSubscriber/message/attachments/35355.pdf.

［17］ FINMA, Guidelines for Enquiries Regarding the Regulatory Framework for Initial Coin Offerings（FINMA ICO Guidelines）2, no.3.1（Feb. 2018）. https://www.finma.ch/en/~/media/finma/dokumente/dokumentencenter/myfinma/1bewilligung/fintech/wegleitung-ico.pdf?la=en, archived at http://perma.cc/PV9L-5AEK. https://www.fsa.go.jp/news/30/singi/2018 0308.html.

［18］ Sayuri Umeda, Regulatory Approaches to Cryptoassets: Japan,（Apr. 2019）. https://www.loc.gov/law/help/cryptoassets/

japan. php. https：//www. fsa. go. jp/news/30/singi/20180405-1. html.

［19］ Cryptoasset Taskforce Publishes Report on UK Approach to Cryptoassets，Financial Conduct Authority（Oct. 2018）. https：//www. fca. org. uk/news/news-stories/cryptoasset-taskforce-publishes-report-uk-approach-cryptoassets.

［20］ HM Revenue & Customs，Cryptoassets for Individuals，Policy Paper（Dec. 2018）. https：//www. gov. uk/government/publications/tax-on-cryptoassets/cryptoassets-for-individuals.

［21］ HM Treasury，'Digital Currencies：Response to the Call for Information'（Mar. 2015）. https：//assets. publishing. service. gov. uk/government/uploads/system/uploads/attachment_ data/file/414040/digital_ currencies_ response_ to_ call_ for_ information_final_ changes. pdf.

［22］ Government Office for Science，Distributed Ledger Technology：Beyond Block Chain（2016）. https：//assets. publishing. service. gov. uk/government/uploads/system/uploads/attachment_ data/file/492972/gs-16-1-distributed-ledger-technology. pdf.

［23］ Press Release，Federal Council，Federal Council Wants to Further Improve Framework Conditions for Blockchain/DLT（Dec. 2018）. https：//www. admin. ch/gov/en/start/documentation/media-releases. msg-id-73398. html.

[24] Press Release, Swiss Federal Department of Finance [FDF], G20 Meeting of Finance Ministers in Argentina: Challenge of Digitization (Mar. 2018). https://www.efd.admin.ch/efd/en/home/dokumentation/nsb-news_list.msg-id-70165.html.

[25] FINMA, Guidelines for Enquiries Regarding the Regulatory Framework for Initial Coin Offerings (FINMA ICO Guidelines) (Feb. 2018). https://www.finma.ch/en/~/media/finma/dokumente/dokumentencenter/myfinma/1bewilligung/fintech/wegleitung-ico.pdf?la=en.

[26] Josias Dewey, Blockchain & Cryptocurrency Regulation 2019 (Sep. 2018).

[27] Ross Anderson, Ilia Shumailov, et al., "Bitcoin Redux," Cambridge University Computer Laboratory (May. 2018).

[28] Nikhilesh De, FinCEN: Money Transmitter Rules Apply to ICOs (Mar. 2018).

[29] SEC, Investor Bulletin: Initial Coin Offerings (Jul. 2017).

[30] SEC, Statement on Digital Asset Securities Issuance and Trading (Nov. 2018).

[31] SEC, Statement on Potentially Unlawful Online Platforms for Trading Digital Assets (Mar. 2018)

[32] National Conference Of Commissioners On Uniform State Laws, Uniform Regulation Of Virtual Currency Businesses Act (Jul. 2017).

[33] Timothy G. Massad, It's Time to Strengthen the Regulation of Crypto-Assets (Mar. 2019).

[34] Naoyuki Iwashita, Regulation of Crypto-asset Exchanges and the Necessity of International Cooperation (Mar. 2019).

[35] OICU-IOSCO, Issues, Risks and Regulatory Considerations Relating to Crypto-Asset Trading Platforms (May 2019).

[36] Maria Teresa Chimienti et al., Understanding the crypto-asset phenomenon, its risks and measurement issues.

[37] BIS, Big tech in finance: opportunities and risks (Jun. 2019).

[38] Bech, Morten, and Rodney Garratt, 2017, "Central Bank Cryptocurrencies", Bank of International Settlement (BIS).

[39] Committee on Payments and Market Infrastructures (CPMI), 2017, "Distributed Ledger Technology in Payment, Clearing and Settlement: An Analytical Framework", Bank for International Settlements (BIS).